创业女性IP打造

数字经济“她力量”

Her Power @ Digital Economy

吴思潼◎著

当代中国出版社
Contemporary China Publishing House

图书在版编目(CIP)数据

创业女性 IP 打造 / 吴思潼著 . -- 北京 ：当代中国出版社，2022. 12

ISBN 978-7-5154-1169-9

Ⅰ . ①创… Ⅱ . ①吴… Ⅲ . ①女性—创业—研究 Ⅳ . ① F241.4

中国版本图书馆 CIP 数据核字（2022）第 024582 号

出 版 人　冀祥德
责任编辑　陈　莎
策划支持　华夏智库 · 张　杰
责任校对　康　莹
出版统筹　周海霞
封面设计　尚世视觉
出版发行　当代中国出版社
地　　址　北京市地安门西大街旗勇里 8 号
网　　址　http://www.ddzg.net
邮政编码　100009
编 辑 部　（010）66572180
市 场 部　（010）66572281　66572157
印　　刷　三河市长城印刷有限公司
开　　本　880 毫米 × 1230 毫米　1/32
印　　张　8.25 印张　200 千字
版　　次　2022 年 12 月第 1 版
印　　次　2022 年 12 月第 1 次印刷
定　　价　58.00 元

推荐一

多年以来中国数字经济蓬勃发展，同时中国在性别平等和女性赋权方面也卓有成就，数字经济与女性创新创业成为密不可分的时代主题。吴思潼女士的著作关注了这个重大的时代主题，诠释了女性在数字经济时代的历史使命、创业机会和发展路径，我相信必然会给“一带一路”和南南合作国家的女性更多启迪与帮助。

世界妇女组织首席顾问、联合国南南合作办公室原主任、联合国秘书长南南合作原特使　周一平

推荐二

掩卷沉思，可见今天的努力是幸运的伏笔，当下的付出是明日的花开。吴思潼女士以她敏锐的洞察力、卓越的思考力、强大的执行力，笔耕不辍，全面而深刻地论述了这个伟大时代的女性创业者独特的商业优势，精神境界和创业路径让我们看到了异彩纷呈的“半边天”。开卷有益，我郑重推荐本书给广大读者朋友。

北京大学国家资源经济研究中心秘书长、中国城市经济专家委员会副主任、中国城市经济研究院院长　严万鸿

推荐三

这是最好的时代，也是艰难的时代，更是充满机遇的时代。对女性而言，更是如此。

在传统文化与现代文明的碰撞下、在新冠肺炎疫情肆虐与经济低迷的困境里、在跨界多元与数字经济的机遇中，整个社会和经济都面临着是在困境中倒退还是在机遇中发展的选择。

长久以来，中国的女性一直在家庭、职场和社会角色中寻求平衡，既受传统文化之牵制，又为现代文明所召唤。可喜的是，今天的社会赋予了女性更多的自主权、选择权和发展机遇，让女性能够突破制约，不再局限于自我价值，而是在自强自立中创造更好的社会价值，寻求长远持续的发展与成长之路，成为真实社会发展的中流砥柱。可谓不破不立！

以文识人，喟叹作者思潼对于时代机遇的独特敏感视角。人说闻香识女人，打开书卷，在鲜活的文字里、严谨的论证中，我仿佛看到了那个紧随时代机遇、致力于女性发展的名叫思潼的灵性小女子。

感谢思潼给予我们一个数字经济赋能女性的视角，让更多的女性可以有机会共创价值、共享未来。

埃森哲中国前医疗与公共事业部总监、赛迪研究院专家委员会委员　杨燕

推荐四

吴思潼老师的《创业女性 IP 打造》这本书聚集于当下数字经济发展和女性创业力量崛起的时代背景，全面阐述了女性创业者如何更好地打造个人 IP。全书分为九大章，既剖析了数字经济的特点和发展趋势，又揭示了女性在数字经济中的独特地位、历史机遇和发挥作用的性别优势。一方面可以让我们更好地了解当今数字经济的特征和我们面临的机遇，另一方面可用于女性把握历史机遇、利用自己的性别优势，提高创业竞争力，创造新人生、活出新精彩。

清华大学教授、长江学者、国家杰出青年基金和国家青年科技奖获得者　吴子牛

推荐序一

全球都应发挥数字经济“她力量”

——为吴思潼《创业女性IP打造》所作的序

数字经济事关国家发展大局。习近平总书记在中央政治局第三十四次集体学习时的重要讲话系统回顾了党的十八大以来我国数字经济发展取得的历史性成就，深刻阐明了发展数字经济的重大意义。可以说，近年来数字经济对我国经济增长贡献率不断提升。《“十四五”数字经济发展规划》明确提出，到2025年，数字经济核心产业增加值占国内生产总值比重达到10%。“十四五”时期，我国数字经济将迎来高速度、高质量的发展。

习近平总书记指出：“妇女是物质文明和精神文明的创造者，是推动社会发展和进步的重要力量。”[①] 党的十八大以来，以习近平同志为核心的党中央高度重视妇女工作，妇女事业取得了历史性新成就。立足新时代，女性创业在全球范围内蓬勃发展，女性创业人数不断攀升，已然成为一支无法忽视的创业“她力量”。2021年9月8日，国务院印发《中国妇女发展纲要（2021—2030年）》，提出完善落实女性

① 《促进妇女全面发展　共建共享美好世界——在全球妇女峰会上的讲话》，《人民日报》2015年9月28日。

就业创业支持政策，支持女性科技人才投身科技创业，发展农村电子商务，鼓励外出务工妇女返乡创业，支持有意愿的妇女下乡创业，加强对女性专业技术和技能人才专业知识、科研管理、创新创业等培训，拓宽妇女创业融资渠道。政策端支持和促进广大女性创业的力度不断加大，社会端鼓励和赞扬女性创业的氛围日趋浓厚。

在2022年的全国两会上，全国妇联提交了一份《关于在数字经济发展中促进妇女就业创业的提案》，指出数字经济的快速发展降低了妇女就业创业的机会成本，激发了妇女的潜能和创造性，增强了妇女的经济赋权，广大城乡妇女依托数字经济获得了更多就业创业机会。提案建议，拓宽妇女在数字经济领域就业创业渠道，提高妇女数字化就业创业能力，完善数字经济领域妇女劳动权益保障。在数字经济快速发展的浪潮中，广大女性的创业正立足新时代、抓住新机遇、开启新征程。有报告指出，在数字贸易、电商、直播等领域，数字经济已经为5700万女性创造了就业机会。数字经济创造数字性别红利，扩大了女性在劳动力市场的价值，减少了女性在劳动力市场的弱势，为女性开创了新的就业空间和领域。

如何提升女性就业竞争力？女性该如何面对机遇与挑战并存的数字经济？“80后”职场新女性和互联网创业代表吴思潼女士，用她的守正与创新、睿智与灵动，绽放着数字经济时代创业女性的美丽芳华。她的《创业女性IP打造》不仅是一本关于数字经济时代女性创业的书，更以一个全新的视角回答了在民族复兴的伟大进程中女性如何释放自身价值。思潼认为，发现和发扬女性先天具备的敏锐洞察力、强大感染力、卓越沟通力，必将进一步释放女性在经济社会中的“性别红利”，发挥女性不可或缺的独特作用，创造更加广泛而丰富的就业机会，体现新时代创业女性的独特价值。

总体来看，本书系统剖析了数字经济时代对女性创业者的需求和呼唤及女性在数字经济时代创业的优势，为数字经济时代女性创业者的 IP 打造作出了多维度的分析和指引，并结合时代背景和行业发展趋势，对数字经济时代女性创业的路径和模式进行了整合分析。对新时代女性投身数字经济，积极创业、创新提供了全面的参考。

数字经济不仅为中国的女性开创了新的创业空间和路径，也为全球的女性提供了广阔的发展空间。可以说，数字经济时代已成为全球女性创业的黄金时代。希望全球女性在创业路上勇往直前，紧扣数字经济发展的时代脉搏，积极贡献“她力量”，做大、做优、做强“她经济”，铸就辉煌“她时代”。

世界数字经济论坛发起人兼执行主席　秦勇

2022 年 5 月　北京

推荐序二

三十而励 · 三十而立 · 三十而“骊”

——为吴思潼《创业女性IP打造》所作的序

曾任美国克林顿政府财政部长办公厅主任、谷歌全球在线销售和运营部门副总裁的谢丽尔 · 桑德伯格写过一本畅销书《向前一步》。在书中她鼓励职业女性在职场中要积极进取、要勇敢地“往桌前坐”，成为领导者。

今天，创业大潮的兴起把更多女性推到了“桌前”。

作为“80 后”女性成长教育创业者，吴思潼女士的新作《创业女性 IP 打造》不仅是一本关于女性创业和逐梦的励志方法论书，更是一本让女性人生变得丰满和精彩的书。此书引领女性从中感受到年龄和岁月赋予她们的能量，教会女性尤其是 30 岁以上的知识女性在历经角色转换和事业转型后如何跳出舒适区，去勇敢实现“三十而励 · 三十而立 · 三十而‘骊’”的华丽蜕变。

我曾在一次给创业者授课的课堂上讲过学习与读书、效率与机遇、坚守与坚持的内在关联，而这其实就是一个投资自己的过程。在这个过程中，女性既要笃定自己的目标，更要每时每刻都不忘加强自己的能量。尤其是在互联网时代，要获得一个产品和模式的最大回报率，本质上是学习力和转化力在时间坐标上的争夺战。

在创业和逐梦的征途上，人的态度不一样，取得的效果自然就会不一样：有人浅尝辄止，有人随波逐流，有人则乘风破浪。

那么，作为一名女性，到底怎样才能在职场上实现自己的价值和梦想呢？《创业女性 IP 打造》这本书，契合了当下“她时代”“她经济”“她力量”的趋势，以一个全新的角度，展现了岁月在女性身上沉淀出的醇厚芬芳之美，书中从女性特有的多彩与灵动的特性出发，教会女性如何做才能在把自己打造成“有追求”“有颜值”“有能力”“有事业”“有品牌”的全方位魅力女性。

《创业女性 IP 打造》这本书以鲜活的实例告诉广大女性，尤其在数字经济时代下，当机遇的“浪”来临的时候，我们只需勇敢地往“桌前”坐、大胆地向前迈进一步，便可为自己拉开互联网创业的大幕，走向充满期待的创业之路。

对女性来说，互联网创业之路或许离我们很远，可谁知道呢！或许就在下一个路口，它就会与充满希望的我们不期而遇。

青年作家 / 青创品牌创始人　张萌

2022 年 3 月　北京

自 序

创业就是创人生
数字经济时代下的女性创业力量

从奶奶的铜镜里，看到了未来的我……

小时候，奶奶家有一面铜镜，那是她出嫁时娘家的陪嫁。

镜子挂在洗脸盆上方，江浙潮湿的气候使镜子四周都泛着黄，斑驳的镜面只能照出轮廓，即便如此，爱美的我会时常光顾。

透过泛黄的镜子，刚上小学一年级的我，经常会反问自己，长大后我会变成什么样？我会去哪里？我会做什么？

奶奶是旧社会典型的家庭妇女，很小的时候就被缠了足，是有那个时代鲜明印记的“三寸金莲”。她一辈子去过最远的地方就是县城。

记得奶奶反复跟我说的最多的话就是：女人一定要识字，要不然走不远。也许是因为受奶奶的影响，一直有一个声音在内心引领着我：你不属于这里，你属于更大的世界。

在诗和远方的征程中，发现世界就是一个游乐场……

比起奶奶来，我这一辈人是幸运的，砸碎“三寸金莲”桎梏更深远的意义是，我赶上了以科技为标志的新时代。

怀揣着对未来的梦想，在北京读完大学后，顺利地进入外企，管理咨询和对外企员工的培训工作经历给幸运的我打开了一扇通向世界的门。

工作上的客观机遇引燃了主观上的环球旅行梦想，让我在游历40多个国家和地区后，欣然发现，世界在我眼里就是一个游乐园。

可能的未来与未来已来

看过了更多的风景，自己的心也逐渐变得开阔，这个时候的我，萌生了创业的想法。

2019年1月1日，在创业合伙人的邀约下，我投身教育领域，立志成为一名依托互联网世界的知识IP。本想着有10多年教育培训的经验，做一家有价值的公司，提供高价值的课程和产品给学员是不会有什么大障碍的，但新平台、新业态还是给我补了必要的一课，没有增量市场（公域流量）入口，对互联网特性、个人品牌打造重点及线上、线下联动节点知识的浅尝辄止，让创业一度陷入困境。

可能的未来实际上是未来已来。从2019年8月开始，我厘清问题根源，决定破局。通过以人为师和大量的互联网赛道学习，打造了全方位个人互联网教育IP，构建了全新完整的商业模式和商业闭环，嫁接了更强势能的供应链平台，从无到有，用了仅9个月时间就实现了互联网全网百万粉丝和百万收入。

我也逐渐从一名传统线下讲师转型为依托数字经济应用端的互联网创业导师，建立了初具规模的教育和电商服务团队，构建起“左手有课，右手有货”的互联网新商业创业模式。

2022年3月5日，在第十三届全国人民代表大会第五次会议上，国务院总理政府工作报告中多次提到数字经济等相关内容。报告指出，一年来，坚定不移推进改革开放，发展活力和内生动力进一步增强。推动产业数字化智能化改造，战略性新兴产业保持快速发展势头。

报告指出：要统筹推进传统基础设施和新型基础设施建设。加快数字化发展，打造数字经济新优势，协同推进数字产业化和产业数字化转型，加快数字社会建设步伐，提高数字政府建设水平，营造良好数字生态，建设数字中国。

要推进能源、交通、电信等基础性行业改革，提高服务效率，降低收费水平。要健全城乡流通体系，加快电商、快递进农村，扩大县乡消费，运用好“互联网+”，推进线上线下更广阔更深度融合，发展新业态新模式，为消费者提供更多便捷舒心的服务和产品。

要推进“两新一重”建设，实施一批交通、能源、水利等重大工程项目，建设信息网络等新型基础设施，发展现代物流体系。要稳定加工贸易，发展跨境电商等新业态新模式，支持企业开拓多元化市场。①

依托这个大背景，数字经济赋能女性创业发展迅猛，结果显著。女性创业力量不断崛起，既有主观原因，也有客观原因。主观上，女性开始更爱自己，投资自己，释放自己的社会价值；客观上，女

①《政府工作报告——2022年3月5日在第十三届全国人民代表大会第五次会议上》，新华社2022年3月5日。

性也被赋予了更多社会角色，社会对女性的要求标准也更多样化。这要感谢这个时代——新技术、新行业、新方式都在赋能女性走向更便捷的基于互联网应用端的创业，尤其是数字经济的大背景赋能女性新商业不断取得成绩。

由于互联网技术的发展，在中国有约 1 亿人在家工作、在家创业，其中大多为女性。2022 年，我国已经有 2 亿“自由职业者”。而每个人的创业起点都来自她对自我的认知以及资源的积累，而资源又包括信息、家庭背景、知识积累、经验积累、人脉支撑、货币资产及可控时间等。

每类资源都有可能成为一个人创业的起点。在当今互联网时代，自媒体蓬勃发展，创业者的个人品牌效能被无限放大。因此，将自己的互联网个人品牌做好，是每一个创业者的保险锁、突破锁以及连接锁。

2019 年，我们的互联网创业教育平台正式与政府合作，共同启动“数字经济她力量”计划，从 0 到 1 孵化创业者、培养创业者、塑造创业者，邀请更多有志创业女性和我们一起助力女性成长、成功。通过助力女性创业者养成自我管理的微习惯，让她们习得创业本领，提升自我竞争力。

2020 年 7 月 6 日，人力资源社会保障部联合市场监管总局、国家统计局发布了包括“区块链工程技术人员”“互联网营销师”等在内的 9 个新职业，其中和互联网相关的是互联网营销师、直播销售员、在线学习服务师这 3 个新职业。

根据 2021 年中国直播电商产业研究报告，CNNIC（中国互联网络信息中心)《第48次中国互联网络发展状况统计报告》显示，截至2021年6月，我国网络直播用户规模达6.38亿，同比增长7539万，占网民整体的63.1%。其中，电商直播用户规模为3.84亿，同比增长7524万，占网民整体的38.0%；游戏直播的用户规模为2.64亿，同比减少452万，占网民整体的26.2%；真人秀直播的用户规模为1.77亿，同比减少875万，占网民整体的17.6%；演唱会直播的用户规模为1.30亿，同比增长896万，占网民整体的12.8%；体育直播的用户规模为2.46亿，同比增长5305万，占网民整体的24.4%。互联网创业，直播平台将是女性创业的优势领地。

2022年3月4日，阿里研究院与中国就业形态研究中心课题组联合发布《数字经济与中国妇女就业创业研究报告》。《报告》指出，在数字贸易、电商、直播等领域，数字经济已创造了5700万女性就业机会。数字经济创造数字性别红利，扩大了女性在劳动力市场的价值，减少了女性在劳动力市场的弱势，为女性开创了新的就业空间和领域。

联合国妇女署执行主任菲姆齐莱·姆兰博－努卡曾表示，近些年来，中国在女性创业和就业上取得了很大的成就，希望中国数字经济的发展能够为全球女性在性别平等、公平就业等方面输出更多机会。

从2020年开始的这场新冠肺炎疫情，已经影响了每一个创业者，包括传统企业也在实现线上、线下打通和转型。这直接影响女性创业的领域和方式，过去的通用形式是开线下店或开公司，从事实体经营，形成一个团队。互联网女性创业从一个人到一个团队到一家公司，这是伴随着创业者IP影响力和创业规模自然递增的结果。

由此，我们提炼出“互联网微创业模型”或者“私域创业”模型，即基于“大众创业，万众创新”的大众可践行的一种创业方式——女性数字微创业。有效结合人社部发布的三大新职业，通过课程学习、职业认证，助力互联网行业的微创业者持证上岗，能力精进。

创业是一场经验密集型的探索，是不断前行的追梦之路。在创业路上，我们会遭遇很多问题，如思想意识、认知输入、实操输出、终身学习能力提升、自我创新迭代、导师引领、领教跟进等。为此，我们撰写了《创业女性 IP 打造》，从市场前景、政府政策、创业成果、网络链接四个维度，以课程引领、创业扶助、举办创业大赛及政策解读等多种方式来带动就业，全方位助力女性创业者实现创业梦想。

我们的目标是助力数字经济时代下的中国女性创新创业，不断提升她们的竞争力，帮助她们过上富足且有爱的人生！

随着“三胎生育政策”的开放，虽然可以预防人口老龄化，对经济发展有好处，但这对于女性而言却是更大的挑战。如何在家庭和事业中找到各自的价值和平衡，是一个社会问题，数字经济时代的就业和创业方式给了女性这种坚固性和可能性。

这个时代的女性创业者，4个大写的“L”：生活（Life）、爱（Love）、学习（Learn）以及终身事业（Life long career）不可或缺。

也许不是所有人都能够有所建树，达成世俗意义上的成功，但是每个人都可以用自己的热爱或者激情去做一些事情。今天的女性在家庭中的影响力越来越大，包括上对父母、中对伴侣和下对子女，方方面面无不显示女性在家庭中所起的作用。而与此同时，女性也在成为自己人生的 CEO 和教练，成为更好的自己。同时，女性也对整个社会产生着可持续的教育、价值和影响力输出。

女性创业的背后也是在创造并书写自己的人生。

创业，最初的意思是开创基业。出自汉张衡《西京赋》："高祖创业，继体承基。"历经时代变迁和社会迭代，逐渐演变成基业、家业、产业、事业、企业等。

在数字经济的大背景下，我认为创业对人来说，更意味着开创、创造、创新自己的人生。创业就是把一生当成一份最大的事业，保有好奇心地、充满创造性地、持续成长性地活出生命的价值和精彩。创业的女性是勇敢的，是有理想的，更是有自己的独特思维认知的。

从我的奶奶，到我的妈妈，再到我这一代，我们家族的每个女性都在开创属于自己的人生。在本书中，我要传递的是数字经济时代背景下创业女性 IP 打造背后的生命成长故事，每个女性创业者都值得被尊重。因为《创业女性 IP 打造》最终讲述的就是一个个生动的创业者的成长故事，是分享创业者的生命经历，帮助大家升华创业的主题——创业就是创人生，创造自己人生的活法。

最后，愿所有女性的创业故事都能流传并成为传奇，从而影响更多女性获得力量，赢得更多人支持。也愿广大女性能够运用本书的方法，制订自己的个人品牌打造计划，分享自己的成就，享受数字经济对于女性在这个时代的赋能。

我相信，这个时代，多的是你未曾知晓的女性创业者，放弃安逸，选择风雨。虽然成功不能被模仿，但我们也需要激励。成为星火，以团队之力，共同推动这个世界变得更好，让每个女性活得漂亮且把世界照亮。

作者

2022 年 2 月

目 录

第三章　如何更好地认识“我是谁”

第四章　如何更清晰地知道我想吸引谁

第五章　我到底能为你带来什么价值

第一章

数字经济时代呼唤什么样的女性精神

让自己变得更好，是解决一切问题的关键。

生存的压力

生活在这个时代，压力无处不在，尤其是进入信息流时代，资讯爆炸，每个人都时刻面临来自各个方面的“洗礼”，可以说生活在当下的人们比任何时候都更需要提升自己的压力管理能力。而对于既要照顾家庭，又要工作挣钱的女性来说，提升自己的抗压能力，更是必要的。

一是学习方面的压力。在古代，倡导“女子无才便是德”。但随着社会的发展与进步，需要升级为“女人无才不是德”，因为无论工作还是生活，无论在职场打拼还是在家相夫教子，女人只有不断学习提升自己的能力，积累和拓展自己的知识，才能在不同情境扮演好不同的角色。因此，现代女性对自我的要求是“内外兼修，进德修业”。

如果不学习、不成长，工作上会遇到瓶颈，生活中会没有话语权，在教育子女方面更是力不从心，面对社会发展，也会产生跟不上时代的无力感。

二是经济方面的压力。女性在没有积极参与社会劳动时，只是在家庭生活中扮演重要的角色，而男性的劳动是一个家庭赖以生存的主要经济来源，此时的女性只需要通过自己的部分劳动，有效分配和利用收入来保证家庭生活的舒适；现在更多的女性则是参与到社会价值创造，并通过就业、创业的方式实现自我价值，甚至成为家庭经济来源的主要构成部分。

在我妈妈这一辈，女人只需要操持家务、养育子女，做好一个家庭主妇就可以了，等着一家之主的男人赚钱回来。随着社会的发展，男女双方在家庭里的地位变得平等，还有不少家庭开始出现新的分工，男人可以是全职爸爸，女人也可以变成家庭顶梁柱，不再受限于"男人负责赚钱养家，女人负责貌美如花"。女人意识觉醒，为了实现个人自由，追求自己的"诗和远方"，不但可以为家庭带来经济收入，也需要实现经济独立和精神独立。所以，女人必须学会赚钱，将知识和能力或者自己的天赋才华变现。就像在我奶奶的那个时代，她仅有的角色就是妻子和母亲；到我妈妈的时代，最核心的角色也是妻子和母亲；到了我这个时代，社会角色与家庭角色并驾齐驱、互相赋能。这也是我们所处的这个时代女性所面临的社会压力，不仅要扮演妻子和母亲的角色，还需要扮演更多其他角色和肩负更多的社会责任。

三是社会对女性的要求不断增加，从而带来的社会压力。因为女人需要兼顾的东西较以往更多，扮演的角色多了，承担的压力也大了，比如就业压力、竞争压力、家庭压力、婚育压力、抚养孩子的压力等。

女性在20—30岁大学毕业走上工作岗位的时候，无论是生活还是工作都不太具备稳定性，因此这个阶段大部分面临的是就业和竞争的压力；从30—40岁这个阶段开始，女性会受到家庭、婚育和社会的影响，工作和家庭、婚育与自由的重重压力开始显现。

那么，如何才能缓解这么多的压力呢？都跟两个字有关，那就是

“成长”，如果用四个字来形容，那就是“终身成长”。唯有成长，才能面对一切；也唯有成长，才能超越一切。让自己变得更好，是解决一切问题的关键。

数字经济时代下的女性创业是一种源于内驱力的自发成长。创业的过程是学习的过程，是成长的过程，是实现经济独立和财富自由的过程，也是考验一个女性如何兼顾工作和家庭角色的过程，更是一个女性活出自己、绽放自己、超越自己的“英雄之旅”。

身为女性，我们要思考：未来的路怎么走？大半辈子的人生该如何度过？女性的各种可能性在哪里？想不想创业是每个女性自己的事情，纵观每个女性面对的压力却是真实而普遍存在的，需要认清现状。

我们看个案例：

在我所辅导的创业者中，有一位女性创客，35 岁、大学学历、10 年工作经历，仍面临择业、家庭和生活的压力。该女士在国企干了 10 年的行政管理工作，由于丈夫的工作从上海调动到了北京，她就面临选择，要么辞职和丈夫一起到北京重新开始，要么就过两地分居的生活。权衡利弊以后她选择了辞职到北京和丈夫在一起，丈夫“朝九晚五”上班，她选择在家带娃。这位女士在大学学的是营销专业，因为一直干行政工作并没有发挥自己的天赋和优势，所以辞职以后她开始捡起了自己的专业，开始一点点在互联网上“试水”。

最初她只是把自己带娃的心得和体会录成小视频上传到互联网平台，慢慢有了一些基础粉丝以后她开始推荐绘本和书籍以及给孩子做的营养美食，得到了不少妈妈的喜爱和好评，粉丝渐渐多了起来。后来，一些出版社和图书营销商找到她，让她帮着进行新书推广，就这样她从之前干行政工作“朝九晚五”的上班族，变成了边带娃边创业的互联网自由职业者。因为她原创的内容真实又实用，与粉丝互动亲切耐心，获得了比原来“朝九晚五”上班还高的收入，同时兼顾了家庭。由于她干的是自己大学所学的专业又是自己喜欢的事情，所以她整个人状态也越来越好，很有成就感。

体会到互联网给自己带来的便利和赚钱渠道后，她逐渐有了新的想法和目标，慢慢组建了自己的线上小团队。

以上案例并不是个案，而是很多宝妈正在面临或即将面临的现状。工作遇到瓶颈的时候、孩子需要专职的人来照顾的时候、伴侣面临工作调动的时候，这些都会促使女性重新考虑自己的工作。30多岁的女性是社会的中坚力量，是家庭的栋梁。她们上有老、下有小，在社会和家庭中都处于承上启下的地位。她们承受的各种压力较大，工作、生活节奏也较快，诸多的社会心理因素常常使她们处于某种紧张和压力状态中。因此，她们常常在面对来自职场和家庭的双重压力时，会经历双重角色的强烈冲突。很多时候“朝九晚五”的工作往往不能解决以上这些问题，自主创业却可以实现。同时，有一个词叫“为母则刚”，这是宝妈创业的真实写照，也是我们见到大部分女性互联网创业的动力来源。

几乎所有的新手妈妈都会遇到亲子教育的问题。“育人先育己”，是孩子让妈妈变得越来越优秀。走出舒适区，为了孩子的成长去突破自己，以身作则并为孩子创造好的生活。

我认为，不论时代如何进步，都不要以限制女性的发展来作为保障家庭的成功和幸福的代价。

在重家庭还是重事业的选择上，每个人都可以根据自身和家庭的实际情况来决定。在时间和精力允许的情况下，不妨眼界开阔一些，适时开辟一些领域，比如培养一两项兴趣爱好、发掘一下自己的潜力、增长自己的才能，在不与社会脱节的前提下，给自己找到一个可以施展的舞台。

实现事业与家庭兼顾，不但生活更丰富多彩，也利于家庭文化和孩子教育。在职场和家庭中，大部分女性面临的现实问题是家庭与事业都需要兼顾，多重角色同时运营。不可否认，现在有越来越多女性都能将两者兼顾得非常好。

同时，一些女性在有了孩子以后，会选择从职场转型，回归家庭，重新设计自己的事业方向，也有想要换一种生活方式的渴望。因此，自主创业或自由职业就是一种越来越普遍的选择，这样也能实现事业与家庭兼顾。

事业和家庭生活如同天平上的两个托盘，为了平衡而存在。这是一体两面的事情，不能分开来看。事业因家庭生活而存在，家庭生活因事业而更加精彩。不能顾此失彼，而是要将它们进行完美统一和融合。带着做事业的心态生活，带着生活化的情调做事业。尤其是数字经济时代为两者的融合提供了更多的可能性。这也是近些年来，我们看到个体崛起，组织重组，越来越多的人回归个体，越来越多的人回归真实的生活场景，家庭和生活也是 IP 打造的一个很好的加分项。

为什么说数字经济时代的创业能够实现事业与生活兼顾呢？因为大部分互联网上的工作可以自由选择办公地点，不再受地域和时间限制。尤其对于那些需要照顾家庭和孩子的人来说，在家创业既能有收入又能照顾家庭。

追求独立与被尊重

为什么我们要讨论女性的独立？因为女性的生理特征决定了她们在人生的某一个时段需要回归家庭，一部分人会当全职妈妈或家庭主妇，在情感和经济上被动接受另一半的补给。这种以失去收入为代价的“牺牲”或者某一时间段回归家庭，使女性在家庭中的地位开始产生微妙的变化，对经济的依赖伴随着在家庭中地位的降低，从而在独立与受人尊重方面也会有所打折。

当然，会有不少例外。我身边确实有不少这样的女性案例，家庭分工非常明确。这里，我们主要讨论的是社会学范畴的典型社会现象。女人不能因为孕育了新的生命、当了妈妈就被贴上“家庭主妇”“全职妈妈”这样的标签，而无法拥有活出自我、创造价值的空间。女性可以为自己创造有价值的生活，互联网给了我们工具，也给了我们舞台。每个简单的个体，都有可能被看见，成为让人尊敬的代表人物，可以吸引一群喜欢你、认可你、与你价值观相似的粉丝，更会拥有属于自己的一个部落，最终变成社群，并且发展成副业、创业和事业。

小北是一位全职妈妈，她在大学的专业是艺术设计。生完孩子两年后，她想工作，因为两年在家带娃实在有些疲倦，总觉得自己与社会脱节了，希望更多地与人沟通。于是，她面试了离家三公里范围内的一家公司。虽然她的专业素养很好，但碍于是一个妈妈，就降低了很多要求，只要离家近、方便照顾孩子、有周末休息可以陪孩子就可以，对工资待遇职位都没有过多的要求。公司经过考虑最后给了她一个兼职的名额，其实就是干一单活儿有一单收入的工作。即使这样小北依然很高兴地答应了，因为终于在家赋闲两年后有了属于自己的工作。终于可以在尿布奶瓶的“围剿”中得以喘口气、换一个身份来生活。她从事的是母婴板块的文案设计，虽然一边带娃一边工作有些累，但小北做得非常用心，除了把每一单活儿做好之外，她还利用休息时间学习。她懂得了什么是个人 IP 打造、什么是互联网创业、什么是内容创作、什么是视频营销。从来不安于现状的小北开始琢磨，觉得自己不能只满足于给人兼职打工这一现状。她决定将自己的事业方向放在互联网上，她要开辟更多的领域。经过一年时间的持续学习和积累，小北发现自己更喜欢营销，尤其喜欢与汽车相关的营销，因为她喜欢而且善于与人沟通。于是她应聘到了某车网，该企业属于中国最早在美国上市的汽车垂直互联网企业。对于有着亲和力、沟通力、丰富市场经验和汽车行业专业知识的小北，企业怎么会拒绝她呢？于是小北找到了自己喜欢的事情，发挥着自己的才能与专长，在公司干得风生水起，很快她从助理升职到文案主编。更重要的是，她已经从一个普通的打工者变成了可以随时随地选择办公场所的主管，她可以一边带宝宝一边开着电脑工作，也可以通过网络视频参加公司的会议。她还在多个网络平台打造了自己的IP，她讲关于汽车营销的知识，形成了自己独特的风格。从原本对自己有些茫然的新手妈妈晋升为一个有自己事业的人，小北也变得更独立与自由，每次爱人都会夸她说："老婆你真能干，又带娃又赚钱，可不一般！"

西西最早是在喜马拉雅和微信公众号做读书分享的，为了引流她也做抖音短视频和微信视频号。最初她对这些都是凭着感觉做。机缘巧合之下，她学习了我们的"天赋定位"系列课程和互联网三证（互联网营销师、在线学习服务师和直播销售员），掌握了微创业拉新、留存、转化模型，学会了直播和社群运营，系统分析了自己的优势和个人商业模式定位以及对于自己创作内容的价值把控，现在在视频号方面取得了突破。

用她自己的话来说，"30年的自卑，在学习6个月后就克服了"。其实，她不是克服了自卑，而是找到了自信，找到了更适合自己的赛道和模式，做自己喜欢的事，发挥自己的技能，不再每天围着老公、孩子转，更不再花时间去抱怨和愤懑，整个人就变得不一样了。

其实，我们每个人都有自己的天赋和优势，只是有些还没有被发掘出来。最初我做个人IP的时候也遇到了不少难处：文案不行我就努力修改文案，视频呈现不行我就刻意去练镜头感。遇到的卡点越多，在刻意练习和集中突破一段时间后，就会发现进步越显著。

帮助女性创业者进行IP定位，找到自己的成长路径和商业模式是数字经济赋能女性新商业非常有价值的事。我希望能带动更多的女性朋友持续成长、分享自己，在这个数字化时代，用分享成就自己和他人，开创一份女性创业新领地，从20—60岁，让每个“她”都更能充分发挥生命价值，活出富足而有爱的人生。

未来，我也期待在以下方面助力女性创业者：

（1）持续输出优质教育内容，培养自己更成熟的商业思维和认知，在视频号教育和自媒体方面成为有影响力的头部创作者。

（2）持续提升自己的沟通和授课能力，在讲课方面努力精进，用自己所学帮助更多的创业者。

（3）优化直播能力，对接更多的供应链资源，多方位发展，实现影响力提升和财富增值。

（4）实施数字经济赋能女性创业计划，帮助已经加入“太阳创客成长学院”的伙伴们成长，同时帮扶更多迷茫、需要帮助的女性，连接更多高势能的组织，比如妇联、联合国妇女署等机构，赋能教育、共同发展、形成合力。这也是积极响应联合国2030年消除全球数字鸿沟，用数字赋能女性的一次实践。

现在通过创业发挥更大潜能与赢得尊重的女性越来越多。在这个时代的中国女性，可以说比以往的任何时期都拥有更多自主权，适合创造自己的人生。其实，无论男人还是女人，归根到底，我们都是一个个独立且伟大的生命体，我们每个人来到这个世界都有与生俱来的天赋等待被发挥，有自身独特的才能等待去施展。现在社会给了女性更多的可能，也让女性的优势可以得到充分发挥，比以往女性有了更多的机会通过事业来发挥潜能和赢得尊重。

实现自我价值和社会价值

人生一世就是要创造属于自己的生命价值。不管是对于个人而言，还是对于整个社会来说，只有创造出属于自己生命的一份价值，当回看一生的时候，自己的人生才不会显得过于苍白。当然，这一份价值由自己来定义，可以是心甘情愿地回归家庭，全心全意相夫教子，也可以在热爱的事业上全情投入，或者在其他的领域按照自己的意愿过一生。在所有的价值中，创业也是一种价值的体现。创业对于女性来说，不仅是实现财富自由的有效方式，更是实现自我价值和社会价值的重要方式。作为一个女性，可以有家庭也有事业，有爱人也有面包。当一个女人独立、自信、有修养，她便拥有了一笔巨大的心灵财富。

如果一个女性通过创业打造了个人的IP，这就是一种无形的价值。

比如李子柒，她既是创业女性，又是中华文化的传播者。李子柒不仅把田园生活的状态发挥到了极致，还把中国文化带到了国际，成为民间非物质文化遗产的传播大使。她已经是有形价值和无形价值的集成者。

我们的商业和文化生活处处有IP的影子，比如，孙悟空形象是中国神话 IP、李子柒是中国风个人 IP、克罗地亚失恋博物馆是空间 IP、长城及故宫是中国符号 IP、罗永浩是第一代网红 IP……所以，当人们谈论起中国神话就会想到孙悟空，谈到中国风就会联想到李子柒，谈到中国就会想到长城、故宫……

知道了 IP 的价值，那么对我们的意义何在呢？尤其是个人 IP，对于直播意味着什么呢？个人 IP 即人设、即印象、即流量、即信用、即影响力。简单来说，当你打造出超级个人 IP 后，你的人设就会被深刻地植入受众那里，就会有更多的粉丝向你聚合，你的信用等级就会逐步提升，你的影响力也会加强。这是一个“疯狂”的时代，但也只有具备了超级 IP 属性，你才能有这样不可思议的影响力和商业价值。认识到 IP 对企业、对个人的重要性以后，关键问题就是如何打造 IP 了。打造 IP 的第一步，就是定位。当发现了属于自己的天赋和优势并进行定位的时候，你就向打造属于自己的独特 IP 迈出关键一步。

比如，李子柒给自己的定位就是在快消时代的一种慢生活，田间地头农家院里一位穿着古风的女子实现了春耕锄刨、秋收冬藏，还把自己种出来的东西加工成让人看后垂涎欲滴的美食，这样的古风古韵带着满满的中国气息，最终成就了李子柒这位中国风的个人超级 IP。

自 2016 年在微博和秒拍发布制作美食的视频起，李子柒的微博粉丝数量就从 9000 涨到了如今的 2703 万。在这期间，她放弃了无数的广告邀约，专心做自己的 IP 品牌，用 3 年时间做到了现在的知名度。毫无疑问，她不仅是极鲜明的人物 IP 形象，也是极有影响的品牌力量，同时实现了个人价值和社会价值的双重效应。其实，李子柒 IP 的背后，她的个人经历就很励志。她生长于农村，与爷爷奶奶相依为命，年幼时陪奶奶做饭，看爷爷做木工、编竹器、农忙时下地干活儿，“三农”是她最熟悉不过的。后来迫于生计，她辗转于城市，最后又因要照顾生病的奶奶，返回农村。这也是田园生活最初的灵感雏形。

每个女性都可以揭开自己的基因秘密，找到自己的定位，打造自己的IP，在不同领域实现自己的价值。你可以是育儿达人，可以是健身达人，可以是美食博主，可以是教育博主，可以是好书分享和读书大咖等。每个领域都有不同的受众，如果做得好形成自己的IP形象，不但能实现自己的创业梦想，也能给相同价值观的人带去更多的信息与知识。

试着去打造一个属于自己的个人IP，讲述自己的品牌故事，逐渐积累，慢慢向超级IP靠近，最后凭借这个IP实现自己的价值输出，形成效益闭环。

对一个创业者来说，拥有优质的个人IP，就相当于拿到了超级VIP的通行证，不管是对于个人的发展还是公司的品牌宣传甚至吸引投资，都具有很大优势。对自由职业者或从事互联网营销的人来说，拥有个人IP意味着你可以作为意见领袖影响同一特质的一群人，通过产品和服务的方式实现价值并获得收益。

总之，打造个人IP能为我们吸引人脉和资源，甚至“市值”倍增，源源不断地产生商业价值，还能获取社会地位，增强变现能力，实现人生更多可能。这是实现自我价值和社会价值的途径之一。

追求财务自由

关于女性经济独立，一直是当代社会的热门话题，追求财务自由也是新时代女性渴望实现的目标。有了财务上的自由，才会有更多人格和情感方面的独立与自由。调查数据显示，从“95后”到“00后”，越来越多的中国女性趋向于追求个人事业的发展，而且有八成女性渴望做一个“经济独立的女人”。那么，女性经济独立到底有多重要？对绝大部分人而言，经济条件与快乐是成正比的，对女性而言，甚至决定了脸上的笑容，影响着一生的幸福。女性不一定要有钱，但一定要经济独立。

有一段话对女性经济独立并实现财务自由作了很好的诠释：我努力工作，自己赚钱自己花，为的就是当站在我爱的人身边，不管他富甲一方，还是一无所有，我都可以张开双手坦然地拥抱他。他富有，我不用觉得自己高攀；他贫穷，我们也不至于落魄，这就是女人实现财务自由的意义。当一个女人拥有了财务自由，其他方面的自由也会随之而来。

女人不想看别人的脸色生活，就要有独立挣钱的本事。靠男人生活，失望总会多过期望；靠自己生活，才能踏实而坚定。经济独立的女人才能有资格跟别人谈人格独立。如果一味依附于男人，很容易把自己活得畏畏缩缩，患得患失。

很久以前女人的生活属于依附状态，社会约定俗成的规则认为赚钱是男人的事，女人只需相夫教子、做家务就可。随着社会的发展，女人俨然成了一个家庭的经济主力，社会上不但涌现出很多女企业家，甚至同在一个公司，女性职员的收入也能超过男性职员。女人既可以下得厨房又可以登上更大的舞台施展自己的才能。

在我投身教育创业以及开设“天赋定位和个人品牌打造”课程的时候，我们女性学员就曾探讨过这个话题：在家待着带孩子、好好教育孩子不好吗？我们最后的一致想法是：女性要追求自我独立，首先就要追求经济独立。独立女性才是当代女性应当追求的目标，靠自己远比靠别人靠谱。女性创业与教育孩子并不矛盾，反而是相辅相成、育人育己，并会成为孩子的榜样。一个创业的女性是不甘现状、追求更多可能性的女性，那样无疑对孩子会起到榜样的作用。创业并不代表不顾家，养育不好孩子，反而是那些有自己的事可做、让孩子看到更积极向上一面的妈妈，对孩子有一种身体力行的榜样力量。

女人无论生活在哪个时代，想要活得有底气被人尊重，离不开人格的独立以及发挥自己的核心价值。情感的独立有赖于经济的独立，而经济的独立不是凭空产生的，要么需要有一份稳定的工作，要么需要有一份属于自己的事业。尤其是有一份自己喜欢的事业，就会有成就感，会有想走就走的自由，从而才能真正拥有“诗和远方”而不仅仅是“眼前的苟且”。

世界很大，经济独立的女性可以随时出去看看，不用受困于经济有限而等到老了为没有走出去看过世界而感到后悔。同时，这也赋予了我们更多能力，可以承担父母逐渐老去的开销，让他们在与别人谈起自己的时候有骄傲的资本；赋予我们更多的时间，可以去陪伴父母。独立的女性不会过“手心向上”的生活，不会全指望男人来养家，也不会因为经济问题在家没有话语权。经济自由赋予女性更多选择的自由，在做决定的时候可以跟随自己的内心。

现实中有很多女性面对不幸福的婚姻却不敢选择离婚，面对强势的男人也不敢说不，面对自己想要的生活没有能力去争取，其实背后的根源都是因为自己“不够独立”。女性独立的意义是可以选择自己想要的一切。比如，当你带父母、孩子去高档餐厅吃饭，无须在意菜单背后的价格；当孩子教育需要用钱的时候，能够有能力给予孩子最好的教育；当父母生病，能带父母去最好的医院，让父母接受最佳的治疗；当邻居家的阿姨炫耀自己儿子多么优秀的时候，你的父母也能够底气十足地说我女儿也不差。女性独立更大的意义还在于，独立的女人不会闲得无聊、无事生非，也没有多余的时间在意别人，努力的结果还能形成一种积极的榜样力量给孩子以示范，最终靠着努力获得幸福生活的底气和信心。

电视剧《离婚律师》中有句话：嫁个有钱人不如自己成为有钱人。女人只有在人格和经济都独立的情况下才能获得真正的安全感。为了可以独立存在，虽然依赖男人，但是不以男人的存在而存在。这样的亲密关系和夫妻关系才会更加健康长久，真的不是因为“需要”，而是因为“爱”。

如今，便捷的数字经济赋能和 5G 技术给了女性更多施展自己能力和才华的机会，有的人通过网络平台实现了副业和职业转型，有的人在网络平台上赚到了人生的第一桶金。

作为一名创业女性，我在倡导女性创业者 IP 打造的同时，想要特别说明的是，虽然我倡导女性去成就自己、发挥自己的天赋、让自己有事可做，从而实现财务自由，按照自己的意愿自由生活，但我没有倡导每一位女性都要选择这种生活方式。我身边也有一些女性就是投身于家庭、经营家庭、支持丈夫的工作和家族事业，同样过得非常幸福。每一个人都可以选择自己最想要的生活方式，尤其是每一位女性可以在人生的不同阶段，选择最适合自己的生活方式，拥有选择的权利和自由才是核心。持续成长才是抵御一切风险的良药。同时，即便是做全职太太，也依然可以自我成长，打造自己的 IP、分享自己的生活，至少你在身边人的眼里就是一个正能量和美好的存在。正如《百岁人生》这本书里讲到的：多段式人生即将登场，我们的全部生活都将重组。

有鲜明的外在气质与独立的人格内涵

当今时代，无论是自媒体品牌还是抖音达人或者视频号金 V 博主，他们都实现了个人品牌的打造，形成了自己独特的 IP。比如，我们想到乔布斯就会想到他是干什么的（他是企业家，创造了苹果品牌），他有什么特色（他崇尚简洁，对工作要求极高），他的口碑

（他是有信仰的人，定义为苹果禅）等，这就是一个人的品牌形象。

我有一个朋友，从事摄影工作，在没有学习打造个人 IP 之前，她没有给自己进行准确的定位，只是一个摄影师。后来，她给自己定位为“纪实摄影师”，因为这是她最擅长的。之后，她在多个平台发布自己的纪实摄影作品，赢得了无数好评和 10 万名粉丝，线上的摄影课销售量也开始成倍增长。同样，我有一个学员也是做摄影的，定位却是“亲子摄影师”，专门打造父母和孩子的亲子时光。

每个人给别人留下的不同印象大部分是无意识的，属于“本色出演”。如果通过有计划、有策略地塑造自己的品牌，把自己当成一个产品来打造，甚至一个作品来经营，成就良好的个人品牌形象，这就是女性创业 IP 打造的意义，因为你的名字就是你的资产。我们想到董明珠就会想到格力，想到读书变现就会想到樊登，她（他）们都是成功打造了个人 IP、树立了个人品牌的人。

同时，数字经济下的个人 IP 打造不仅是普通个体的选择，更是企业家的下一个战场。

2021 年，当罗永浩开始以直播一哥，后来又以电商学苑校长的身份出现在公众面前时，我们知道，直播之势有多大了。罗永浩表示，看到了一份报告，2019 年直播电商总 GMV 约超 3000 亿元，未来有望冲击万亿体量。

这份报告让罗永浩嗅到了“势”，毅然入局直播。前几年在网络上小有名气，外加企业家的光环，罗永浩迅速在直播带货中找到了自己的位置，坐稳了带货一哥的位置。罗永浩入局直播之际，市面上虽然已经有成熟的头部主播，但行业整体还处在一个快速发展且并不成熟的阶段。

从这之后李国庆、董明珠、梁建章等众多企业家开始直播带货，从时间线来看，罗永浩似乎是打开了企业家直播的篇章。

2021 年，还有一位吸引公众的企业家就是俞敏洪，在新东方教育整改之后，他也进军线上直播，以主播的身份在东方甄选账号中开启新的事业征程。“双减”落地后，俞敏洪强撑数月依然难逃大幅亏损，直到 2021 年 12 月 28 日，俞敏洪带着助农的新理想投身直播带货的浪潮中，成为企业家直播带货的后浪。没有人会永远乘着时代的东风，跑在市场爆发的前夕，但永远会有人押中风口、借势造势。

专注教育、出身农民的俞敏洪，就连退场也将理想主义放在了乡村上。他先是裁撤 1500 个教学点，将桌椅板凳都捐献给乡村小学，然后进军直播。俞敏洪并没有选择快消品等常见的直播间产品，相反他成立了东方甄选品牌专注难啃的农产品销售。他说希望通过东方甄选平台整合上下游企业，让更多的农民转型为农业产业工人，让他们有更好的收入，同时可以让很多青年回到家乡去，让他们跟自己的孩子在一起，让中国少一些留守儿童。

以前想要成功打造个人品牌并不容易，但现在移动互联网已经为普通人提供了基础的硬件条件，每个人都有机会脱颖而出。安迪 · 沃霍尔是 20 世纪艺术界最有名的人物之一，是波普艺术的倡导者和领袖，也是对波普艺术影响最大的艺术家。这位艺术大师曾经对他所能预见的未来，作出两个相互关联的预言：每个人都可能在 15 分钟内出名，每个人都能出名 15 分钟。加起来耗时半个小时，就能搞出一个名人，然后再“搞死”一个名人。考虑到直到安迪 · 沃霍尔去世的

1987 年，互联网的应用还不过刚露苗头，安迪・沃霍尔是不是真的领教过网络的厉害呢？这是一个值得存疑的悬案。但在如此背景下，能够预言当今网络世界见惯不惊的“15 分钟定律”，证明这个行为和作品都颇为搞怪的波普艺术家，确实是一个能够准确把握时代脉搏的顶级大师。

现在互联网平台有腾讯系、字节系和百度系的各大自媒体平台，包括视频号、抖音、快手、公众号、头条号、百家号、简书、知乎、Bilibili（B 站）、小红书等，还有如荔枝微课、千聊、小鹅通、喜马拉雅等付费平台，这些工具为我们打造个人品牌提供了便利，这也是现在互联网内容创业者越来越多的原因。

纵观时代的发展，在我们父辈创业的年代，正好赶上改革开放的浪潮，那时候伴随房地产而来的实体经济处处是机会，只要胆子大就可以创业。到了 2000 年，进入电子门户网站时代，曾经的中国四大门户网站，即大家耳熟能详的新浪、网易、搜狐、腾讯，这个时候很多互联网创业者都是从国外留学回来有技术背景的高学历人才。到了 2010 年，进入社交媒体时代，这时候的社交媒体还是以文字为主，对于普通大众来说，还有一定的内容创作门槛。一直到 2015 年开始的知识付费，伴随着微信公众号、微博、喜马拉雅等一系列自媒体的盛行，越来越多内容创业者进入这个赛道。中国商业，几乎每 10 年一个周期。到了 2020 年，互联网创业者的群体更加广泛，我们在视频号和抖音里可以看到，农民大叔也能成为网红唱歌达人，农村老太太也会成为做饭的美食主播，农民工跳舞收获百万粉丝、短视频播放量破亿。创业打造个人品牌，你可以是高学历者，可以是某个领域的专家，也可以是没有学历的普通平民，只要你有自己的天赋才华，有自己的喜好、特长、才艺，就能出彩、出圈。

在我的学员中有一个普拉提教练，最初普普通通没有什么名气，产品内容也是一般的普拉提团课和私教课。通过学习后开始打造个人品牌，调整自己的普拉提教学定位，开始专注做“美胸和美臀”，在各个平台宣传的文案和视频也重点打造与美胸、美臀相关的资料和内容。通过打通线下和线上的营销策略，从此大受欢迎，而且收费标准也较之前提高了两倍，每月财务流水也非常稳定。当别的健身馆还处于入不敷出和刚刚持平状态的时候，她家的普拉提馆已经做出了自己的特色和优势。这是进行了更细分领域的定位，吸引了更精准的人群，取得了更好的效果。

创业的领域很多也很广泛，但专注一个细分领域往往会成为第一且被人记住。对创业者而言，创业的两大困难是流量来源和资金来源。假如一个人前期通过互联网平台积累了人脉，那么开始创业的时候就已经有了潜在的种子客户，无形中已经降低了自己的创业风险。

在互联网时代，女性创业者建设好个人品牌，要比找到一份工作更重要。管理学大师汤姆·彼得斯曾说过，21 世纪的工作生存法则就是建立个人品牌！所以，越来越多的女性有了打造个人 IP、实现个人品牌的需求，从而踏上了自主创业的道路。

新时代强烈的社会诉求和政策推动

在这个全民互联网时代，越来越多的人倾向于加入互联网创业大军。那么，互联网趋势下的创业环境究竟如何呢?

由于互联网独特的经营模式，互联网创业具有一些与传统行业创业的不同之处。

一是互联网创业与最新科技联系紧密，创新性要求高。互联网创新创业是以用户为导向，因此，互联网创业要发掘消费者习惯，以此重组核心技术。

二是互联网创业主体多元化。随着社交网络扁平化，知识和技术的传播更加迅速，创业主体逐渐多元化——由技术精英逐步发展到“草根”大众。

三是互联网创业成本低。创业者只要有创新性的项目就可以通过互联网去寻找人才、资金等，通过组建专业化的团队大幅降低创业成本。互联网缩短了创业者和用户之间的距离，也加快了创新的步伐。

另外，政府对于互联网创业的推动和支持，不断出台好的政策。2022 年 3 月 5 日，第十三届全国人民代表大会第五次会议上，《国务院政府工作报告》中多次提到数字经济等相关内容。

同时，为贯彻落实党的十九大精神和“大众创业、万众创新”的决策部署，顺应创业创新工作新形势、新要求，进一步推进“创业创新行动”，激发女性创业创新潜能，优化女性创业创新生态，提升女性创业创新能力，旨在助力女性互联网创业者 实现创业梦想。

受新冠肺炎疫情、“三胎”政策、就业市场等多种因素影响，依托数字经济是一条必经之路。

我们相信，这个时代有很多你未曾知晓的女性创业者。她们放弃安逸，选择风雨。成功不能模仿，但我们也需要激励。成为星火，以团队之力，共同让这个世界变得更好。

由于互联网技术的发展，我们相信在不远的将来，将有 1 亿人（其中大量为女性）实现在家工作、在家创业。2022 年 3 月人社部公布数据，我国灵活就业从业人员规模已经达到 2 亿人。个人经营、非全日制以及新就业形态成了灵活就业的主力军。创新创业成了灵活就业的新主流，在互联网盛行的当下，不少人通过“互联网 +”实现了灵活就业。

每个人的创业起点来自她对自我的认知以及资源积累。资源包括信息、家庭背景、知识积累、经验积累、人脉支撑、货币资产、可控时间资产等。每类资源都有可能成为女性创业的起点。

依托于数字经济，自媒体蓬勃发展，创业者的个人品牌效能将被无限放大，将自己的创业 IP 做好，是任何创业者的保险锁、突破锁以及连接锁。

今天的女性极大地影响着每一个家庭，包括对父母、对伴侣和对子女。女性也在成为自己人生的 CEO 和教练，成为更好的自己。同时，女性也对整个社会的教育产生可持续的价值和影响力输出。要实现未来社会更加美好的愿景，必须从当下行动起来，助力女性创业参与者或推动者，一起助推这个愿景的实现。

“数字经济‘她力量’”计划是从市场前景、政府政策、创业成果、网络连接四个维度，以课程引领、创业扶助、陪伴助力、创业大赛及政策解读、帮扶为基本方式，以创投、创业来带动就业，全方位助力创业者实现创业梦想。

创业是一场经验密集型的探索，是不断前行的追梦之路。在创业路上，我们会碰到很多问题，诸如思想意识、认知输入、实操输出、终身学习能力的提升、自我创新迭代、导师引领等，针对这些问题，“数字经济‘她力量’”计划一一为大家赋能和引领解答。我们的目标是助力青年女性创业创新，不断提升创业者的竞争力，开展创业女性多维合作，过富足而有爱的人生！

我对“数字经济‘她力量’”的思考：

◆ 唯有成长，才能面对一切。也唯有成长，才能超越一切。

◆不论时代如何进步，都不要以限制女性的发展来作为保障家庭的成功和幸福的代价。

◆在当下这个时代的中国女性，可以说比以往的任何时期都能拥有更多自主权，适合创造自己的人生价值。

◆人生一世就是要创造属于自己的生命价值。

◆每个女性都可以揭开自己的基因秘密，找到自己的定位，打造自己的IP，在不同领域实现自身价值。

◆多段式人生即将登场，我们的全部生活都将重组。

第二章

女性优势，我们真的发挥了吗

你能连接多少人，决定了你能服务多少人。

你能服务多少人，决定了你的财富价值有多少。

数字经济赋能“她创”风口

随着数字经济和社交媒体的发展，人们发现互联网给女性创业者带来越来越多的赋能，让女性站在了互联网创业的风口。

互联网经济下，女性占据了更多的消费市场，拥有了更多的话语权。女性在互联网时代被赋予了更多的创业可能。大部分女性都接触过电商，最早是通过微信群或朋友圈搞一搞副业，后来随着短视频和直播的发展，不少人又开始做短视频和直播，再后来有了视频号，人们又多了一个创业平台。而女性创业有着天然的优势，女性天生敏感细腻、温和热情，在社交的过程中擅长情感营销，在解决问题时更善于洞察消费者的内心，以此来满足他们的需求。所以，数字经济下也诞生了“陪伴经济”。有不少商业大咖都认为：消费决定生产的互联网时代是女性创业最美好的时代。善于洞察生活场景的她们，正成为互联网创业热潮下的宠儿。当传统的商业模式从以“产品”为中心慢慢转变为以“人”为中心时，女性的创业机遇就来了。女性的社交天赋会让自己的每一份热情都被看见，这样的时代也是女性施展自己创业能力的时代。

为什么说数字经济为女性创业赋能呢？因为现在的女性创业者远

不只在“电商”领域发展，而是已经全面进入“互联网”创业的各大平台，从互联网“电商”创业，已经走向了短视频、直播、内容电商、社交电商、知识付费等新形式的互联网创业，目前参与创业的女性人数已达千万以上。女性本身就具有坚韧、善良、感性、好奇、敏锐、耐心等优点，这些优点非常适合社交属性，而互联网不论什么平台、什么样的创业项目，与人产生交互是基础。做短视频也好，做直播带货、内容付费也好，都要面对粉丝和客户，那么强大的社交能力就是真正的实力。这种社交能力，很多时候体现的是陪伴的力量。所以，女性的综合优点，非常有利于“数字化创业”。

35 岁的胡女士做电商三年多了，生完孩子以后她主要以照顾孩子为主，最初做的是电商领域的亲子装，并且设计了自己的品牌。早期，她是以微商的形式在经营，就是那种简单地将衣服样品图片、信息发朋友圈和各个群里。同时，她也开了一家网店。随着客源的增多，她又和自己的妹妹开始做果蔬代理，就是每天把广告文案发到几个群里，定期给群里发红包，保持互动活跃性，剩下的就是收发货，这样有更多时间陪伴孩子、照顾家庭。再后来，她在其他平台传播关于营养餐和果蔬饮食搭配方面的知识进行引流，随着积累的粉丝量慢慢增多，还能通过一键分享带货顺手赚奶粉钱。她在给予孩子爱与陪伴的同时，依旧追求着自我的独立与成长。

类似胡女士这样的女性创业者在朋友圈其实非常多，互联网给女性创业者带来了更多的可能，也让女性创业者可以充分发挥自己的优势。视频号的短视频和直播形式给女性创业者们带来了微商模式升级的机会，即借助微信平台，更好地运营自己的私域流量，通过打通朋友圈、视频号、公众号、小商店、小程序等形成合力，系统地进行个人品牌建设。

第一，互联网的发展核心一定是去中心化，尤其随着区块链技术的不断更新迭代，未来的互联网精神是接纳、连接、自我，女性的特征与这一精神很契合。女性善于进行情感连接并乐于分享，这有利于社交和激活创业点子。

第二，互联网创业目前处于创业低成本阶段，相比男性而言，女性在互联网创业方面的门槛更低，女性拥有更为细腻的情感，在社交营销和宣传以及处理关系等方面更为擅长。尤其在文化产业、时尚产业和快消产业中，女性也有独特的优势，有利于开展社交新零售。

第三，女性天生具备亲和力，往往也喜欢社交分享，对资源的整合具备独特的优势。再加上有政府部门、行业协会、社会组织等推出的一系列创业服务政策支持，更为这种创业资源的对接和整合创造了条件。不少女性正是通过这样的平台，找到了创业所需要的各种资源。

所以，女性在互联网上创业，目前仍然站在风口，只要精准找到自己的定位，具备互联网创业的基本能力，持续在专业领域深耕，就一定可以实现梦想。

个人品牌的意识觉醒

微信创始人张小龙说过，再小的个体，也有自己的品牌。

个人 IP 打造就是在打造自己的品牌形象，打造对外的一张价值交换名片。你的粉丝越多，IP 价值就越大；信任你的人越多，生意就越好做。

女性创业者已经对这种 IP 打造、创立属于自己的独特的品牌有了不一样的敏感度，个体品牌的经营和塑造意识也开始觉醒，互联网创业正在打破性别和年龄的界限。

越来越多的人意识到创业的资源门槛已经不像过去那样高，比如资金、厂房、技术等原始的硬件资源，都是基于过去实体经营的创业模式。

现在的轻资产创业模式，可以起步于只要有自己喜好的领域和基本的互联网创业能力，就可以逐步实现在互联网上起步和创立自己个人 IP 的可能，比如，会跳舞、会唱歌、会做饭、做运动等，这些都可以用作为创业 IP 打造的定位，实现自己的内容创作。尤其互联网的出现，为很多普通人提供了平台和条件，而这些快速崛起的个体，也为企业带来了新的发展机会。观察这些快速崛起的个体，就会发现，他们都有一个共同的特点，那就是他们都有属于自己的个人品牌。因为这个独特的个人品牌，快速聚集了一批忠实的粉丝。这些粉丝为他们带来上亿元的销售额以及持续复购。这样的奇迹与能量放在之前是不敢想的，而现在已是现实。

有这样一个朋友，她从大学毕业以后一直在互联网企业从事运营相关工作，主要负责运营公司端产品和服务。她要做大量的数据分析，基于数据为公司提供关键决策依据，促使更多流量转化为付费用户，平台从中获得收益。因为她给企业带来不少利益，所以她的工资倒也乐观。但随着互联网各大平台的兴起，身边的人都开始创业，同一时期，她面临自己的职场转型和家庭重心的调整，于是辞掉了工作，成了一名自由职业者。她计划先包装一下自己，把之前给其他平台企业打工的运营技能一点点用在自己身上，拿自己练手，然后一步步做起来。用她的话说，她一个人成了一家公司，把技能封装成自己的产品，依靠自己的运营能力实现产品变现，这就是她打造个人品牌的意识觉醒。我们每个人都应该想想，如果自己离开现有的平台或者出于种种原因不得不回归家庭，从零开始你可以做什么？你怎么养活自己？如何去过有选择权的生活呢？

这个时代不断变化，未来将有更多的个体崛起。一个人就是一家公司，已经可以成为现实。早在多年前，罗振宇就在《罗辑思维》里说过一个词——U 盘化生存，这也给了人们更多的职场选择：像 U 盘一样，你的核心能力可以即插即用、最大化发挥价值，也能生活得很好。

在我看来，要想成为自由职业者，拥有自由职业状态，崛起为超级个体的前提是个人有选择权，而选择权必须建立在更有影响力的个人品牌打造上，让更多的人认识你并认可你，从而产生连接、创造价值。伴随着视频号的出现，私域流量变得越来越重要，成为商业变现零售市场的直接阵地。朋友圈的展示也是打造个人 IP 的核心阵地。你能连接多少人，决定了你能服务多少人。你能服务多少人，决定了你的财富价值有多少。个人 IP 将成为每个人的核心竞争力。

“宅经济”带给女性更多创业机会

“宅经济”成了这两年的关键词，无论是长视频、短视频还是线上购物等都迎来了爆发式增长。比如，2020 年除夕一款“和平精英”游戏日活跃用户数量峰值近 1 亿，流水在 2—5 亿元，甚至游戏一度因服务器卡崩而登上了微博热搜。电影《囧妈》在头条等四大平台及智能电视的总播放量超过 6 亿次，总观看人次高达 1.8 亿。这种现象如果放在传统经济时代简直是天方夜谭，是想都不敢想的事情。

这充分说明一个问题，只要跟互联网结合，就会玩出新花样、创出新的高度。日新月异的快时代，“互联网 +”催生了很多新兴业态，比如外卖、网购、网上直播等，机器人送餐、网络约车、无人零售、线上居家办公地点灵活多变，以前无法想象的场景，如今已成为现实，这些改变既方便了生活，又繁荣了经济。这其中，蕴藏着让人惊讶和值得期待的创业潜能。

有个段子是这样讲的："80后"开始"懒宅"，"90后"非常"懒宅"，"00后""懒宅"已成常态。随着时代的发展，互联网的便捷让越来越多的人足不出户就能办很多事情，完全改变了以往必须"朝九晚五"的上班模式，也改变了以往购物必须上街的状态。互联网的迅猛发展，孕育了一批"懒宅族"，他们宅在家里，依靠网络就能满足吃喝玩乐全方位的需求。这样的"宅经济"带给女性更多的机会与选择。

因为有了消费者的"宅"，就会有手机上和电脑上的消费增长，而通过互联网这种连接方式，人们改变了以往的出行、购物的方式，由此带来的是更多需求方面的改变和创新。尤其随着移动互联网的盛行，"每个人的行为"组成了强大的信息系统，网络给了用户前所未有的力量和权利，分散的用户因快速、实时、紧密、无处不在的网络连接成为一个强大的整体。

当传统经营者们还在惦记如何做渠道的时候，手机已经通过论坛或直播直接将商品卖给了消费者。

当传统经营者们还在想着如何通过广告进行宣传的时候，网络上一个帖子、一个视频就可以让一个品牌家喻户晓。如2022年3月15日晚，针对土坑酸菜的问题，白象食品霸气回应：一句话：没合作，放心吃，身正不怕影子斜。因土坑酸菜，不少方便面品牌受到负面影响。可是，白象方便面却卖断了货。3月18日，关于白象的另一个话题冲上了微博热搜——白象三分之一的员工是残疾人。据媒体报道，当年在大战日资时期，白象是四大巨头中唯一拒绝日资的泡面企业，正是因为白象的拒绝，日资没能完全控制中国的方便面行业。接下来，白象就受到了其他品牌集体围剿。2020年，白象的市场份额只有7%，康师傅却有46%。面对这样的情况，赚的不多的白象还招收了三分之一的残疾员工。相似的还有，2021年7月，鸿星尔克心系河南灾区，紧急捐赠5000万元物资，被全国人民“野性消费”，从而被广泛传播。

当传统经营者们还在想着什么时候客流多、什么时候去做促销的时候，网络已经实现了24小时不打烊，因为有很多人每天都有多达15个小时的时间在上网。

移动互联网让每一个人、每一个利益相关者在同一个时间段可以叠加各种需求。智能手机让每个人都可以永远在线，随时可以跟任何一个有意愿的人建立沟通和连接，体验场景对感官的刺激也非常容易做到。

如果说传统时代的创业必须有办公地址，需要招聘人员、有产品甚至有工厂等，而现在只需要有一部手机就可以实现了。如果说传统时代创业者大部分为男性，而如今在“宅经济”与移动互联网时代，女性具备了更多的优势。女性大部分时间宅在家里，更容易与别人产生连接、进行沟通或互动。

这是一个“宅经济”的时代，是数字经济时代和信息爆炸时代，是科技飞速发展和大连接时代。在这个瞬息万变的时代，女性可以选择这样的一种创业方式来实现自我价值、从0到1打造女性个人品牌以及通过打造个人IP最终实现的价值转化。

感性思维对于用户体验更加敏锐

都说女人敏感，其实这是一种善于察言观色、发现细枝末节变化的能力。这是因为女性有不同于男性的敏锐与细腻。同时，在大脑结构上，女性比男性有更多的神经突触连接。所以，这份属于女性的独特性对于创业而言是一种优势，女性对于用户体验会更加敏锐，这无形中会增加创业成功的概率。女人往往更善于沟通，更善于倾听，也更善于挖掘他人的期待、体恤他人的困难、聆听大多数人的意见，最后再自己做决定。

无论是哪一种创业，都离不开各个方面的协调，而女人天生属于组织协调的高手，对工作能够进行统筹安排，给团队的人员合理分配任务等。创业不是一个人的孤军奋战，只有把组织的力量发挥到极致，才能取得最后的胜利。尤其目前的消费群体以女性为主，女人更加了解女人，有更多的相似背景和需求。

传统社会形成的格局往往是“女主内、男主外”。随着从工业社会的“力时代”进入信息经济的“智时代”，女性生理上的劣势正慢慢被淡化，而每个女性所拥有的感性思维所表现出的敏感、亲和、细致和包容正越来越被重视和重用。

女性的消费力和经济能力正在日益渐长。日本著名营销专家小村敏峰说过，现在如果我们不用感性观点来观察分析，根本就无从理解市场。所谓感性营销就是把个人感性差异作为营销战略核心的营销活动，这与传统的理性营销截然不同，理性营销的核心是用理性的科学观念解释和分析人们的消费行为，而感性营销用的是感性体验。

女性不需要用力量竞争，她们向客户争取的，并不是交易所产生的利润。女性想要创业成功，要关注客户满意度和用户体验是否良好、是否会将好的口碑带到市场，更多注重的是情感。

我理解的情感度就是企业要先对客户有服务意识和人性考虑，时时为对方着想，处处为对方想得周到，要用感情去维护。以情动人、以情感人、用情感化的手法去展现产品和服务以及自己输出的内容，真正为客户带去价值利益和愉悦体验。

女性创业就是要把事情做到极致

女性创业成功者越来越多，大部分成功的创业女性背后的特质都离不开做事的专注与极致。选择创业之前要先问问自己：“你是刺猬还是狐狸？”因为在希腊寓言里，狐狸就是什么都知道，但是刺猬只知道一件事。从表面看，狐狸有着聪明的大脑、灵活的四肢，完胜刺猬。但是狐狸知道很多，可以做很多事，却缺乏持久性；而刺猬看上去很笨，但是它认定一件事情，就坚持做下去。狐狸整天这儿也怀疑，那儿也怀疑，这儿有个小动作，那儿有个小动作；但是刺猬很执着，你来打我，我就缩起来，你不打我，我就往前走，这就是狐狸和刺猬的不同表现。所以，人们常说狐狸多智，而刺猬有大智。

女性创业也是如此，知道得多不一定占优势，在自己具备优势的领域里深耕，尽己所能把它做好，做到极致与完美，往往更容易取得成功。

麦当劳和肯德基将小小的汉堡做到世界各地的人都爱吃，可口可乐将一瓶汽水卖到世界各地去，新东方将英语培训班做到美国纽约证券交易所上市。如果一个人认真努力做一件事，抓住一个问题十年不放，再笨的人也能成气候。

有一位学员经常出去旅游，拍一些视频号，发在抖音上，有了粉丝以后她就想做海外代购，但苦于自己英语不太好，于是下定决心好好学英语。她不但报了培训班还主动在网上找那种有外国人的圈子跟人沟通，最初是一个词、一个词地往外蹦，聊了几个月以后就说得非常标准了。她学英语如此，经营自己的代购也是如此，非常努力又专注。从最开始的小打小闹到后来基本上每个月的收入都超过了之前上班时的收入。

不成功的人都能找出 N 个不成功的理由，而成功的人只有一个理由：做人做事要有“做到极致”的理念和追求。这是一种品质和能力，也是创业女性应该具备的素养和态度。

有位朋友是专业设计师，在国外留学期间主攻手绘，从国外回来后在上海一家公司工作，主要从事家装设计。但是工作一段时间以后她发现公司平台并不能体现自己的价值，尤其公司的设计理念与自己的不太相符。她希望将西方的那种设计理念用在产品中，但往往不被公司所接受。于是她打算自己创业，开设自己的工作室。

后来她创立了自己的工作室并且专门去景德镇学习了陶瓷工艺，同时结合自己的设计理念，先从陶瓷产品设计出发进行创新。虽然之前上班收入稳定，但是经营自己的工作室比上班更开心，尤其是做自己喜欢的事，让她看到了未来更多值得期待的地方。她开始学习陶瓷设计的时候，基本没有收益，但她没有急于求成，而是专注地学习，每个步骤、每个过程，一边做一边学习，一边做一边改进。她把自己所学的西方设计理念结合景德镇老师傅传统的烧瓷制瓷手艺，在保证瓷的质量的基础上进行艺术设计，除改变了传统的造型之外，还融进新的创意元素。

她把自己设计的陶瓷首饰拍成小视频，渐渐吸引了不少人的关注，最后还得到一位珠宝商的青睐，与她签约进行长期合作。

这位朋友的成功首先源于自己的设计特长，同时她的定位是在原来设计木料、金属的基础上进行创新，改为设计陶瓷。当有了自己的创业定位以后，她用大部分的时间进行研究、学习、提升，专注在这个小小的领域，努力去做到极致，最终实现了个人品牌和 IP 的打造，从一个“朝九晚五”的上班族变成了拥有自己工作室的真正创业者。

做好一罐辣椒酱，你会不会？陶华碧专心致志做好辣椒酱，成就了老干妈，每年几十亿元营业收入，几亿元的纯利润。

做好一个火锅，你会不会？张勇专心致志做好以服务著称的火锅，成就了海底捞，海底捞上市了，市值超过千亿元。

做好一个鸭脖子，你会不会？绝味鸭脖如今市值达 200 亿元。

做好一个打火机，你会不会？普通打火机几元钱一个，ZIPPO 打火机几千元钱一个，成为男人的至爱和标配。

做好一瓶酱油，你会不会？海天酱油，现在市值突破 5000 亿元。

做好寿司，你会不会？小野二郎终其一生，专心致志做寿司，最后成为享誉世界的“寿司之神”。

所有这些都是专注与极致带来的成功，所以，这个社会看似遍地都是机会，但真正考验创业者功力的依然是专注与极致。不追求精通就会样样稀松，成功的捷径就是选好赛道一直跑下去。

女性为实现快乐和自由而创业

无论是抖音直播还是视频号营销，最终都离不开商业闭环：提供价值，产生变现。而变现依靠的就是你有多少铁杆粉丝，尤其是私域流量的粉丝，所以互联网的创业者也是吸引粉丝的高手。只有你有粉丝团、有了自己的圈子，才会实现更多的价值。无论做什么、在哪个领域，群体的力量才是真正的力量。以前的论坛、贴吧、豆瓣便是兴趣社群最好的载体，这些有共同兴趣、爱好、话题的人聚集在一起，自由地交流，分享彼此对某一事物的看法，从而利用口碑效应改变一批人的消费行为。

在今天，大家的消费是分圈层的。消费观相同的人可以玩在一起，可以买相同品牌、价位的产品。大家在购买产品时不再是基于功能性的消费，而是基于某个场景下的消费。女性创业也要建立自己的圈子，打造自己的社群，然后相同价值的人在一起找到更多的话题和兴趣，实现快乐创业、愉快分享，与自己的粉丝协作、连接、互动，产生良性循环才是关键。创业者中，有人打造的是“妈妈圈子”，有人打造的是“名媛圈子”，有人打造的是“学习圈子”，有人打造的是“运动健身圈子”，有人打造的是“独立女性圈子”…… 这些“圈子”不但是自己所擅长的领域，共同喜好的人还是共同的领地，在创业赚钱的同时还能收获快乐。

小爱是位专职宝妈，家庭经济条件非常好。她带娃 3 年、不愁吃穿，但是天性爱“折腾”的她闲不住，尤其在与相同圈子的其他宝妈相处以后，她想做些事情。于是，小爱开设了专门针对高端宝妈这一特殊群体“线上 + 线下”的俱乐部，为这些心中拥有“名媛梦”的宝妈提供展示自己的平台。这些高端宝妈的家庭条件都很好，她们在一起共同做事，传递积极的正能量。比如，遇到孩子们的节日，这些宝妈一起凑钱包剧场，给留守儿童送温暖；她们还会不定期举办亲子阅读专场、亲子瑜伽专场、亲子时装秀，既不让宝妈因为带娃而与社会脱节，又让这些宝妈带着孩子一起参与活动。宝妈们聚集在一起，拓展她们的生活圈、人脉圈，同时可以分享各种育儿经验。最初她们只是做公益活动，随着加入的宝妈越来越多，名气也越来越大，之后合作的商家就来了。绘本馆、亲子服装店、户外用品、剧场剧院等都希望能赞助她们的活动。慢慢地，“线上＋线下”的高端宝妈俱乐部就做了起来。

小爱所做的其实就是在打造一个圈子，她把“80后”的妈妈们聚集到一起，宝妈不能每天围着孩子转，她们也需要有自己的生活和社交圈，不能给孩子传递“妈妈为了照顾你，好累、好辛苦，牺牲了很多……”之类的负能量，这样只会让孩子产生心理负担。她们经常会带上孩子一起聚会，让孩子们多和其他家庭的孩子接触，提高孩子的交际能力。随着圈子的影响力越来越大，仅仅创办了两年就有3000名付费会员。她们的会员加入实行的是邀请制，只要是宝妈，有着时尚感知、育儿新观念且爱分享、热心，就可以被邀请加入这个特殊的小众群体。虽然会员不多，但是每名会员都非常活跃。会员妈妈们一般有着高学历、高经济能力、爱分享、充满正能量。后来这群妈妈受到了媒体关注，她们带着孩子们上电视节目、参加选秀活动和乡村音乐节。

虽然挣的钱不是很多，但是小爱通过打造这个平台，认识了很多朋友，给同是宝妈的其他会员带来很多快乐，这个社群也成了她创业很好的土壤。

数字经济时代是联结和共创时代。在这个时代，女性既改变了自己，又影响了整个互联网，技术上实现的互联远没有情感上的互联重要。女性通过社交，把市场变成了追求快乐与实现自由的场所。

多元化的数字经济时代为女性成为独立的个体提供了机遇，每一位女性都可以在网络上表达自己的观点、发布原创的内容或分享自己的资源，这种共同生产的信息本身就是一种价值的体现。

用一个有意思的观点来说明就是侏罗纪时代的恐龙必死。不是它不努力，而是它的时代过去了。小蚂蚁之所以能长久地与人类生活在一个星球上，是因为它们的团结和互助，是因为共同的协作。女人们如同一只只勤劳的小蚂蚁，用自己独有的方式打造属于自己的王国。这样的王国里有情感的连接，也有实现快乐和价值的需求。

我对数字经济“她力量”的思考：

◆ 女性的综合优点，非常有利于“数字化创业”。

◆ 一个人就是一家公司，已经可以成为现实。

◆ 你能连接多少人，决定了你能服务多少人。你能服务多少人，决定了你的财富价值有多少。

◆ 女性生理上的劣势正慢慢被淡化，而每个女性所拥有的感性思维所表现出的敏感、亲和、细致和包容正越来越被重视和重用。

◆ 数字经济时代是联结和共创时代。

第三章

如何更好地认识『我是谁』

做你自己，因为别人都有人做了。

圈定一个自己擅长并喜欢的领域

我是谁？在互联网个人 IP 打造中就是指圈定领域、做自己。通俗地说，就是为自己确定一个核心身份、专注领域，从而明确自己的定位和价值。每个人都可以找到一个适合自己的领域，并精通这个领域。

为什么做自己？王尔德说过："做你自己，因为别人都有人做了。"你是唯一，做谁不如做自己。这是 1% 的人和 99%的人最大的区别，做自己是一件看似简单实则不易的事。为什么做自己最容易？为什么做自己又最难？因为你本身就是独一无二、与众不同的。世界上没有两片完全相同的叶子，世界上也没有两个完全相同的你。然而，集体意识在给你灌输一种标准化的成功、标准化的活法和标准化的商业模式，所以 99% 的人学会了跟随、模仿、随大流、聆听别人的声音，失去了跟随内心、保持个性和创新创造的勇气及信心。那些真正在互联网上让别人记住并喜欢的人往往都是独特的，而不是千篇一律的。就像有句话说的那样，"好看的皮囊千篇一律，有趣的灵魂万里挑一"。如果你能"有趣有料有灵魂"，就会向独一无二迈进。

圈定一个自己擅长并喜欢的领域就是为自己定位。从创业和营销的角度来看，每个人的 IP 打造都是在打造一个品牌，是专门通过某个平台向粉丝卖产品。比如，对于说段子的人来说，段子就是他的产品；对于传播知识的人来说，知识内容就是他的产品。但光说一个段子别人不会记住你，光讲一些知识也很难让人持续关注。只有当别人想起看段子时就会想起你，想到知识内容时就会想到你，这时候你就有了核心竞争力。提到卖口红人们会想到李佳琦，提到中国风人们会想到李子柒，这就形成了个人领域与品牌效应。

如果你很幽默，那么你可以专门提供各种段子和笑话，成为一个幽默达人；如果你有很丰富的职场经历，深谙职场生存之道和职业发展规划，那么你可以在互联网上把自己打造成一个职场规划达人。所以，定位就是要圈定一个自己喜欢并擅长的领域，你是瑜伽达人还是画画高手？是做教育知识传播还是婚姻心理咨询？是跳舞还是做饭？你所擅长和喜欢的领域不同，最终表现出来的内容也会不同。可以看到很多在互联网平台上创业成功或小有成就的人都是做着自己擅长又喜欢的事。

那么，如何给自己圈定领域呢？

第一步：在给自己圈定个人喜欢并擅长的领域时，要列出自己所有擅长的东西，然后从列出的几项中逐一排除，最终选一个自己最擅长和喜欢的。

第二步：找到你的兴趣所在，这里的兴趣多指日常兴趣爱好，也可以包括专业能力。它可以是读书、画画，也可以是健身运动，还可以是美妆护肤、穿衣搭配……不要低估自己的任何一项爱好，说不定它就是下一个完美商机和创业契机。

第三步：挖掘自己擅长的知识和兴趣爱好之后，就要寻找二者之间有趣的组合方式。比如，一个人的兴趣爱好是旅行、运动，而且擅长写作，那么二者的有趣组合方式就是“旅行 / 运动 + 新媒体写作”，通过把旅行见闻或运动心得写成可传播的文字，把自己打造成旅游或运动博主。

第四步：思考一下自己做出来的内容如何与众不同？如何在你喜欢且擅长的领域脱颖而出？你必须要将自己与市面上已有的内容区分开，打造差异化的形象或者聚焦更细分的领域。就拿上面举的例子来说，旅游和运动博主很多，如果你是一边旅行一边记录风土人情并拍摄成有趣的小视频，就会与普通的公众号或博主有很大的不同。

在互联网行业竞争愈加激烈、市场趋于饱和的今天，只有更垂直的、更小而美的内容才能精准抓住受众。所以，在圈定自己擅长并喜欢的领域的时候，有以下几个注意事项。

第一，定位不能不切实际，也不能太保守。一定是自己喜欢的东西，哪怕不是很擅长，不擅长的东西可以慢慢学习提升，但不喜欢是很难坚持下去的。因为打造个人 IP 是一个长期的过程，在没有形成品牌效应之前需要坚持很长时间；即使拥有了个人品牌，也需要持之以恒地进行维护，否则很快就会被人遗忘，如果是不喜欢的领域就很容易半途而废。

第二，必须是正向的、具备正能量的。无论哪个领域，都不要心存妄想和传播负能量，虽然现在有不少人为了“变红”，不惜传播一些为吸引眼球而没有下限的内容，但这种内容一定不会走得长远。要让人感觉你的内容积极向上有价值、听上去让人肃然起敬而且具有正能量。

第三，重视标签效应。圈定自己的领域之后要给自己贴一个可以供别人识别和记忆的标签。首先要敢于去做这个领域的“第一代言人”，集中火力打通这一点；然后围绕着这个标签做持续性的优质内容输出。比如你是做化妆品的，就要围绕补水、护肤、美白、去皱等话题；比如你是做企业家培训的，就要围绕企业家们关心的话题，如管理、营销、产品、品牌、投资等；比如你是做亲子教育的，就要围绕妈妈们关心的话题，如育儿、多动症、换牙、专注力等；比如你是做健康运动的，就要围绕健康、科学减肥、减脂塑形等话题。

第四，保证内容原创，至少也要半原创。随着人们对于自媒体和各种小视频的熟悉，同质化和转化的内容再好也是给别人送流量，很难提升和打造属于自己的 IP。在原创受能力和其他因素影响需要参考别人的作品时，一定要做符合自身特点的修改，比如文案的更改、加上自己的声音等，使其变成自己的内容。只有这样，久而久之，才会逐渐形成自己的标签。传播的本质就是重复、重复、再重复。当我们梳理出来一个标签，又能围绕标签输出内容的时候，就要持续进行下去，要不断地重复、再重复。另外，在发布内容的时候，时间选择也非常关键。要去研究自己的目标用户，结合自己受众的生活习惯来定，不同行业、不同类型的人，作息时间不一样，喜好的内容也不一样。

真正知晓“我自己”是一个比较大的人生课题，而且要随着周边环境不断进行动态调整。一方面不要着急，另一方面圈定的领域要在实践中经过验证和反馈，才能逐步调整和确定。要保持耐心，先完成，再完美。

我最喜欢和别人分享的话题是什么

一个人对自己喜欢的东西就会非常上心，也会全力以赴、持之以恒而不至于半途而废。前面我们讲了给自己圈定一个喜欢和擅长的领域之后，接下来就是在这个领域里如何进行更稳步地推进。你每天喜欢和别人分享的话题就是你对这个领域有兴趣、喜欢研究的话题。这就是你的需求，而需求是最好的老师，有当下的需求才有最大的动力。

举个例子，如果把每个领域都比作一个职业，那么你更适合从事哪个职业呢？就像选择一份工作一样，首先考虑的应该是自己擅长什么，自己会什么专业技能，其次才是工资待遇、发展空间等。想想自己喜欢什么话题，比如你喜欢美食就选择生活领域，喜欢画画就选择美学教育领域。只有对某个话题感兴趣，才会千方百计想办法来做好这件事。当你对某个方面的内容非常感兴趣时，你也一定会经常关注和了解这方面的内容，并且在借鉴别人的同时，有自己独到的见解。这样在自己创作的时候通常会比较轻松，内容上也能更具特色。

我们通常会看到一些视频类的自媒体创作者，他们只是分享一些日常的生活经历，同样也有很高的播放量。这些日常生活经历就是他们感兴趣的话题和爱好，这其实也是一个选择方向。如果你是个宝妈，可以分享带娃的话题；如果你是个学生，可以分享校园的话题；如果你是个菜农，可以分享蔬菜瓜果的话题；如果你是个瑜伽教练，可以分享与瑜伽有关的话题。内容上可以很随意，可以是生活日常，也可以是生活感悟或者某个生活小技巧。

另外，如果自己实在找不到喜欢分享的东西，可以去看看别人的小视频或那些做得好的自媒体号，看看他们都在传播什么，从而反推自己喜欢分享的话题。

中国的汉字博大精深，人们对自己感兴趣的东西更积极，我们来看“趣”字，拆开来看就是“走”+“取”，“走”可以解释为“积极行动”，“取”可以解释为“取得”，也就是要积极行动起来取得经验，只有自己去试着分享话题、去做小视频、推出自己的原创内容，才能够感知、获得、确认或取舍。不论做哪个领域，要去行动，去尝试，去感受，不能仅仅停留在想象中，只是凭借去看别人的分享又怎能知道自己分享出来的是否受欢迎呢？哪怕明白了是自己喜欢的，不去尝试也找不到真实的可靠的感觉。

怎样才可以让自己分享的东西对自己产生更大的推动力呢？对于某一件事情，一开始我们只是喜欢，接着会因为喜欢而想去了解更多。了解更多之后可能会发现自己越发喜欢（当然也可能会发现自己并不喜欢，因而终止探索行为）。如果是喜欢，那么就会投入更多的时间、精力、金钱等，随着各种资源的不断深入，你对它的研究会更透彻。接着你可能会把研究成果以某种形式交付出去，可能是口头分享、文字分享，也可能是用你所学帮别人解决某个问题。

这时候，你会收获别人的肯定，或者只要能够做这件事情自己就很满足，这也是一种正向肯定。这时候，你就会对它更有兴趣，从而形成一个正向循环。由此可见，你的喜欢甚至会到达热情的程度，这是离不开行动的，也离不开相关能力的提升，更离不开自己或者他人的正向肯定。比如，我高频率分享的都是和数字经济赋能女性创业、女性领导力、个人成长、读书健身等女性正能量相关的话题。这些都是我自己感兴趣的内容，也是我每天在不断践行的日常，所以分享起来更自然、更真实。分享本身对我就是奖励，连接本身就是享受。

所以，只要找到自己当下喜欢聊的话题，就是找到了自己当下关注的强需求点，也就是创业者 IP 打造的一个强信号。

当你圈出了自己的领域，接下来就要想一想、列一下你每天最喜欢和别人聊的 3 个话题是什么，以此来找出自己喜欢和别人分享的内容，也是自己擅长的内容，这样就等于在打造原创内容和个人 IP 上迈出了一小步。

别人最喜欢和我交流的话题是什么

不论输出什么样的内容，最终目的是要找到受众。没有受众的内容就成了自说自话，无法产生更大的价值。只有知道别人喜欢和你分享哪些话题、互动哪些话题，才能知道别人对你是否认可和别人对你的内容是否感兴趣。如果找到自己喜欢的话题是自我定位的话，找到别人喜欢交流的话题就是发掘别人的需求，而一旦知道了对方的需求你又能与之匹配，这就是你的优势。比如，别人最喜欢来问我的话题是如何打造创业者 IP、如何找到天赋定位、如何持续促进个人成长和如何保持正能量等。如果你喜欢和别人聊的话题与别人喜欢你和聊的话题相匹配，就说明你的定位已经比较精准，圈定的领域已经有效果，否则就需要更多传播或者调整你的定位。

知道别人喜欢和你交流什么话题或者是否喜欢你的内容，也是打造“人设”的一个过程。对于个人 IP 打造来说，无论你是普通人或是已经变成小网红，人设就是自己的风格，也是给予受众的初步印象。你内容的价值取向是不是与受众相匹配，如果匹配，他们就是你的潜在粉丝，这也是对自己更精准的定位。

个人品牌打造过程中，需要对自己有清晰的定位。我们也可以看到，有人把自己定位为人生导师，有人把自己定位为分享理念与知识，有人把自己定位为传播快乐，有人把自己定位为阐释道理，有人把自己定位为企业家和行业专家，这些都是基于整体的商业闭环来综合考虑的。

罗永浩作为一个知识型 IP，给自己的定位是——知识分子、连续创业者、科技领域 KOL、锤子科技创始人。科技产品与美妆、百货有本质上的不同，比如手机，行业竞争趋于白热化，如果能帮助一款新品更早地进入大众舆论中心、完成产品定调，相信品牌方很乐意为此支付更高溢价。因此，很多 500 强企业找罗永浩代言，不要求销售量，只要求其介绍优质新品就支付品宣费用。这就是罗永浩作为一个知识型博主产生的价值，而且罗永浩的粉丝喜欢和他交流的话题也大多是关于科技、知识、创业等方面的内容。

发现别人喜欢和你交流什么的真正目的是找到你的“鱼”，从而建起自己的“鱼塘”，你的内容就是对你的这些“鱼”进行投喂，让他们产生兴趣从而吸引他们来到这里持续互动。

术业有专攻，根据自己的喜好、特长选择一个能够长期作为输出内容的类别，这样自我的辨析度就会鲜明很多，对于受众来说也会对你有一个固定的标签印象。

一个优秀的内容输出者和个人 IP，一定有自己的人格、风格和话语体系，往大了说是一种艺术概念和风貌，这个不经过专门的培训和包装很难在短期内实现。但也有一种简单的说法，风格就是让观众一看你的内容，就会产生一种强烈的独特感觉，这种感觉可以是喜感，也可以是怪异感，或者是感动、新奇、受益等感觉，无论是什么感觉，要相信，有鲜明的风格就一定不会缺流量，流量只是时间早晚问题。

你的风格和定位一旦深入人心，都将产生价值。探索用户心理永远都是对的，任何营销高手都擅长打心理战，他们明白用户喜欢什么，然后去做什么。明白用户的需求痛点，找到这些规律后，就可以持续不断地输出此类内容，相信粉丝也会越来越多!

你的话题如果想要让别人感兴趣，甚至让人看完想转发，那你一定要遵循这个逻辑：先有内容→传播→观察数据反馈→继续优化→真正的完善。所以，要问问自己，我的内容受众关心的兴趣点在哪里，而不是自嗨，你觉得再好的东西，如果仅仅是自我欣赏，那么起不到任何传播的作用。无论是写文章还是做视频，传播点在哪里、哪里值得传播，一定要了解清楚。因为有了这个点，才能有后续被传播的可能，否则就只能自我欣赏。

未来10年我想干的事情是什么

所有成功的人，他们并不是一生下来就具备了成功的特质，而是给自己立下了成功的目标，知道自己未来 3 年、5 年、10 年分别想干的事情是什么。有了目标的指引就会一步步朝着目标前进，最终变成了自己想成为的人。

人为什么要有目标？哈佛大学有一个关于目标对人生影响的跟踪调查，对象是一群智力、学历、环境等各方面都差不多的人。调查结果发现，27% 的人没有目标，60% 的人有较模糊的目标，10% 的人有清晰而短期的目标，只有 3% 的人有清晰而长期的目标。25 年的跟踪结果显示：3% 的人，25 年来都不曾更改过目标，他们朝着目标不懈努力，25 年后他们几乎都成为社会各界的顶尖人士；10% 的人，生活在社会的中上层，短期的目标不断地被达成，生活状态稳步上升；60% 的人，几乎都生活在社会的中下层，他们能够安稳地生活与工作，但似乎都没什么特别的成就；27% 的人，几乎都生活在社会的最底层，25 年来生活过得不如意，常常失业、靠社会救济，且常常抱怨他人、抱怨社会。

目标对人生有着巨大的导向性作用。成功在一开始，仅仅就是一个选择。你选择什么样的目标，就会有什么样的成就，有什么样的人生。

一个成功的人一定是一个有目标的人，虽然极少有人在很年轻的时候就知道自己一生的追求是什么，但是在人生的每个阶段，有一个清晰的目标极有利于个人长期的发展。所有成功的人都不是偶然就成功了，他们依靠的全是内心有一个明确目标的指引，然后一步步向着目标前进，最终获得成功。

人们常说，没目标的人就会三天打鱼、两天晒网，像脚踩西瓜皮滑到哪里是哪里；做事没常性，往往到最后一事无成；做事没计划，没目标，就会盲目蛮干。所以，定个小目标、小规划，做事、工作有目的才会有动力。

目标往往是阶段性的，很少人定一辈子长度的目标。定阶段性的目标就像爬山一样，即便是要爬珠穆朗玛峰，也得先从 10 米、100 米、300 米的山爬起，每爬上一座山，你就能挑战下一座更高的山了。

如果说目标像是灯塔，指引着我们前进的方向，那么计划就是航线，时刻纠正着我们的行动。有了灯塔的指引，我们才不会偏离前进的方向，才不会陷入迷途。

我们不妨自测一下，看看自己处在哪个阶段。

（1）完全没有人生目标每天浑浑噩噩，不知道自己要追求什么，并时常找不到目标。

（2）自己没有目标容易被别人左右，好像什么都是对的，别人让怎么做自己就怎么做。

（3）有时候有目标，有时候无目标，有目标也只是短期目标，过一段时间又没了。

（4）有明确的人生目标，但是没有清晰的规划，不知道该怎么实现。

（5）已有明确的人生目标，也有清晰的人生规划。

显然，我们都希望处在第5个选项阶段，有明确的人生目标并且有清晰的自我规划。作为女性，更应该为自己的将来好好打算，目标是要确定的，但绝不能离自己太过遥远，否则就会因为总也实现不了而困惑，甚至放弃。如果自己的目标总是遥遥无期，那么必将使你失去最初的斗志，以至于到最后对未来丧失了希望，心力交瘁地选择放弃。

与其如此，为什么不把一个大的目标分解成几个小目标来落实呢？因为实现每个小目标不用花费太长的时间，这样一来，你不但可以更快、更好地把事情做好，还可以在一个目标接着一个目标的落实中，享受那份属于自己的成就感。

有一位女摄影师，她从上大学的时候就迷恋摄影，于是她给自己定下的目标就是要当一个真正的摄影师。首先，她给自己定了3年以后想通过自己的努力赚钱买一台专业照相机并且用3年时间广泛涉猎摄影知识的目标。当别的同学下课了，选择逛街或窝在宿舍里打游戏的时候，她一个人泡在图书馆翻阅与摄影相关的著作，总是一待就是一天，笔记做了满满几大本。其次，她不放过任何一次外出摄影的机会。最初没有多少钱，买不起昂贵的摄影器材，她省吃俭用，把用来买化妆品和服装的钱省下来，投资在摄影课的学习上。等到她买到了自己心仪的照相机又积累了不少摄影知识以后，她把目标定在了 5 年以后要办自己的摄影展上。于是她又用两年时间随时走、随手拍，然后进行修片美化，持续修正自己的不足，终于在第五年的时候办了一场小型个人摄影展，并且有几幅作品被《国家地理》杂志评为最富有原生态的摄影作品；最后，她给自己定了 10 年以后的目标是要打造自己的摄影课，她在多个平台上有自己的摄影传播账号，给人们讲解摄影知识和如何拍出大片的技巧。她凭着自己多年对摄影的热爱和专注以及在这一领域深耕的决心成了一名网红摄影师。她在接受记者采访的时候讲了自己的一个片段：为了拍摄一组水边黑天鹅的照片，她趴在草丛里一动不动，镜头咔嚓了数千下，身上也被蚊子叮咬了无数个包。正是这种认真专注于自己爱好的精神，让她有了自己的品牌，成功打造了自己的 IP。

所以，规划自己未来 3 年、5 年甚至更长远想干的事情就是为自己规划目标。人们都说成功很难，事实上成功并不是一件多么艰难的事情，只要你能把自己未来要走的每一步规划好，然后勤勤恳恳地努力，一步一个脚印地去履行自己的规划，你就会在不知不觉中获得属于自己的成功。

对目标进行规划，可以给自己列个清单：

（1）你想要什么你能做什么？你擅长什么？自己想成为什么样的人？

（2）审视自己的目标清单，预定完成目标需要的时间，不要定得太短也不要定得太长，留下一定的弹性时间但不能太多。

（3）挑选出自己最近想要完成并且对你来说最重要的 3—5 个目标，

最多不能超过 5 个，然后针对这几个目标去积极行动。针对具体目标，在旁边备注上达成这样目标的榜样人物都有谁，用榜样来激励自己。

（4）在每个目标后面列出对应的资源和策略、列出如何实施，并且写下具体实施的步骤和过程。

（5）不时地调整和回看自己的短期目标，并且写下实施过程中的不利因素和障碍，同时写出如何进行改进。将目标融入你的生活，再次审视并持之以恒地行动。

愉悦提供方向，痛苦提供能量，恐惧决定边界。我们最后会选择一个喜爱、擅长又能服务他人的领域。

圈定领域做自己应遵循三大原则

做什么事都有原则，圈定领域做自己也是如此，要遵循一定的原则而不盲目跟风。无论做什么，在着手进行的时候都要问自己两个问题：凭什么？想要什么？凭什么是自己的资源和能力；想要什么是自己的目标和愿望。提前想好要什么很重要，否则，盲目跟风就是想露个脸，输出一些取悦自己的内容，成不了什么气候，也不会有什么粉丝，因为你自己都没有想清楚要什么，又如何做出有料、有趣、有内涵的东西呢？

我们为什么要圈定自己的领域？理由很多：提升个人知名度、打造个人品牌形象、实现网络获客、额外变现提高收入、展示个人才艺……所以，在输出内容之前要对自己有所规划。

可能很多人并不清楚自己想要什么，所以做视频也好，做直播也罢，要么跟风几天不了了之，要么做得很吃力却无法实现突破与成长。所以，圈定领域做自己要遵循三个原则，分别是冠军原则、差异原则和品类原则。

第一，冠军原则。我们都有共同的认知，那就是人们只能记住冠军，谁能够成为第一，所有的人财物就会向谁聚焦而来。正如我们只能记住奥运赛场上那些让国旗升起的冠军，甚至第二名、第三名我们都记不住。所以，要想一想自己哪方面最有可能成为第一，比如自己擅长画画、唱歌或跳舞，任何一种才艺或能力，你想要扩大知名度，那么就以这个才艺或能力为突破口。决定全力以赴做这件事情的时候，就让所有人知道你在做这件事，让所有人从你身上感受这件事的气息。可以先想出三个关键点，如你最擅长的三件事情、你做得最久的一件或两件事、你最喜欢的事。想出这三个关键点以后再回头来做减法，找到一件自己不讨厌且觉得可以坚持的事情，将其定为标签，不要贪多。一旦这个方向定下来以后，就深入挖掘、深入发挥、多方传播。创造微信公众号“夜听”的刘筱就是这么一个人，6 年前，他决定每天 10 点分享一个情感段子，这个创意并不伟大，做这件事也并不难，难就难在每天都做这件事，死磕 1000 多天，才造就了今天的“夜听”。10 年前，有一个叫罗胖的人，每天在早上 6 点分享 60 秒的微信语音，持续 4 年，最终创造了一个奇迹，那就是“罗辑思维”，现在早已经升级品牌为“得到”。他们就是在圈定自己领域的时候，成为人们记住的“冠军”。

同样，我很欣赏的青年创业导师张萌（萌姐），也是本书推荐序的作者，连续早起22年，成为互联网创业者中最励志的女神，吸引了全网1700万粉丝，开辟并占领了微信互联网创业赛道。

IP打造需要过程和积累，无法一步到位。但你需要的是今天要比昨天进步一点点，这一点可能就是一句问候语，可能就是一个关键词，也可能就是一个标志性的笑容又或是一个动作……总之，你必须逐步优化、日日精进，才有可能在这个领域成为行家。

第二，差异原则。不求更好，但求不同。人无我有，人有我优，人优我特。要找出你与众不同的特点。比如，我之前有个学员是祛斑营养早餐专家。她就通过“祛斑”两个字把自己和其他营养早餐、健康类的老师区别开来。

各行各业，如果没有差异就不会有新意，没有新意就不会吸引人。比如，火起来的IP“一禅小和尚”，主人公一禅是一个6岁的小男孩儿，聪明可爱，调皮机灵，和师父阿斗老和尚上演着有趣且温情的故事；比如，“猪屁登”系列小视频，采用真人实拍+3D虚拟形象创作模式，展现人与猪的日常，并且含着很多搞笑的戏份和教育观点，得到了很多人的喜爱；比如，动画片中的主人公爆笑虫子、默默酱等，都是进行差异化定位才让其与众不同，因此拥有了庞大的粉丝和铁杆用户群体。换个角度说，我们在打造个人IP的时候，一定要有自己差异化定位、内容以及推广方式等。差异化可以通过不断学习创新的办法来实现，在说话方式上下功夫、在视频录制灯光上更注意一些，比如你的视频录制得比别人更清晰，你的音频中噪声处理得更好，这都是差异性，也都是优势。

第三，品类原则。品类定位越细越好，因为定位越细越有市场。比如，我们的学员“撒娇女王”，实际关注的是两性关系、女性成长，但是通过“撒娇女王”的细分标签和个人 IP 很容易切入市场、赢得客户。另外，还可以去创造新品类，打造新标签。比如，我们还有一个学员的标签是“逆袭女王”，实际做的事情也与女性成长和蜕变有关。

药也许都是那个药，但汤也许不一样；商品都是一样的商品，但包装也许不一样。所以问问自己，同样一个产品，你能用哪种方法讲得出彩？同样一个领域内的东西，你和别人讲的有什么不同？可能是你讲得更深入，也可能是你的案例更生动；或者是你的表现形式更好（比如你会做动画、你的声音特别有磁性或者你的形象让人印象深刻），又或者你能给你的内容加上新的品类和卖点。

所以，当你具备了冠军原则、差异原则以及品类原则的思维方式以后，就要开始从定位上做差异化的改变，从而形成自己的独特风格，这是打造个人 IP 的加分项，意义非凡。

我用什么说，在哪里说

要想做成一件事，离不开天时、地利、人和。在互联网时代，圈定自己的领域如果是天时的话，那地利就是我们要学会选择互联网平台，人和就是连接自己的粉丝。有了内容和思路以后，下一步就要考虑用什么说、在哪里说。比如，如果是选择微信视频号，那么就是用原创视频和直播来传播；如果选择公众号，就是用文字和图片来传播。除此之外，还可以选择用抖音、快手、bilibili（B站）、小红书、百家号、头条等平台来进行传播。

互联网时代，新平台不断出现，平台需要的内容创作也在不断更新。所以，需要先对这些平台进行研究并结合该平台在你所在地区的增长或停滞的状态，再进行评估。如果你注意到在你的目标地区一段时间内注册某款应用的人数呈显著上升趋势，那么密切关注它可能是有意义的。另外，不要基于“平台允许发布什么类型的内容”来看待平台，而要基于“平台能够提供的交流类型”来对其进行分类。你在一个平台上向受众分享作品，能得到反馈的唯一方法就是去阅读评论（如果评论功能打开的话）。评论反映了人们对你发布的内容的看法和反馈，虽然你不需要参与或立即回复，但监测和阅读评论是至关重要的。

无论选择什么样的平台，在内容方面一定要追求垂直，也就是保证一个账号一直输出同一类型的内容，这样做就是在打造自己的可辨识度，垂直度越高，越能显出自己的特点和所属领域。比如有的用户喜欢中医养生，他们看到一个视频内容觉得感兴趣，点进去发现里面全是中医养生的内容和知识，如果再多看几期觉得很棒，那么他们就会点击关注方便下次寻找。同样的道理，只有你输出的内容越聚焦在一个领域，才能让用户更容易记住你。如今在短视频领域产生了不少超级 IP。这些超级 IP 的成功打造加上垂直内容的生产，让很多普通人在短时间内占领了短视频高地。

知道了内容需要垂直之外，还要按照自己的优势去选择用什么样的方式表达内容。比如，李子柒的表达方式全是视频，且几乎都不是短视频，更像是专业摄影拍出来的微电影。也有不少人在公众号里用纯文字配图片的表达方式，当然现在可以插入语音和视频号一起。微信的视频号里有的是 Vlog 短片形式，有的是口播形式，也有的是采访形式，因为表达方式不同，所以选择在哪里说也就不同。

我把目前一些常用的平台简单概括一下：

（1）微信视频号是目前最火的平台，依托 12 亿日活量，强大的信任机制和已经养成的付费习惯，是每一个想做好个人 IP 者的必入之地，而且平台规则和玩法一直在迭代。

（2）微信朋友圈是熟人的平台，也称为“私域流量”区，里面大部分是生活和工作圈或各大平台转化过来的粉丝。这里面的关系一般是熟人关系或已经有进一步信任关系了，很多内容具备社交货币价值，用户在看内容的同时也能够从朋友圈看到发内容的这个人的价值观。在微信朋友圈比较容易打造个人人设，所以要想在微信平台上引流，自己要多发布一些积极正能量的东西，建立强信任背书。

（3）抖音、快手平台因为有时长限制，更像游戏厅和小吃街。很多用户是利用碎片化时间在这里娱乐和打发时间。这里的人一旦有“两把刷子”，也能够引起不少粉丝关注。在这里创造内容要短而精，不要冗长，大家没有时间耗在这里听你长篇大论，何况平台也不允许。

（4）小红书是一个彰显生活方式的平台，很像一个休闲、文艺、放松的场所，这里不紧张，节奏也不快，有很多优质、有内涵的内容能够吸引不少人。尤其是生活品质比较高的人，种草带货能力非常强。

（5）今日头条这个平台，一些自媒体人在这里发文章或视频，对于初期认证的新人很友好、推荐率很高，只要内容原创，前期很容易吸粉。

（6）微博相对来说已经进入微利期，微博平台就像一个大城市的中心广场，能得到有效传播尤其能够形成圈子的内容更容易火，微博能够产生圈层之间的互动，内容也相对丰富。

（7）荔枝微课和喜马拉雅平台属于音频课程，有免费的也有付费的，这个偏重知识型的传播，如果普通话说得好又有干货，这些知识型的传播有其发展空间。但大家知道，直播和视频已经超越音频，可以说音频的红利期已过。

（8）知乎和豆瓣类的平台多属于知识问答和小众兴趣的地方，如果平时擅长回答问题和小组讨论，可以选择这些地方去留言或回答问题，又或者参与讨论，都可以增加自己的曝光率和吸引相同价值观的粉丝。

进行比赛之前，选择赛道很重要，所以要看清当下的形势，找准核心价值点。因此，短视频直播也好，文字图片内容也好，只要不是艺术创作，就要基于数据来综合运营，而且前期的定位策划比制作质量更为重要。这要根据自己的情况来选择匹配的平台，深刻理解平台属性和规则，在适合的平台，做对的内容；同时要选择有红利、处于增长期的平台，借助平台势能实现 IP 影响力传播。

在数字化时代，平台管理要跟踪数据，持续运营，主动迭代升级。

天赋定位，请走离“钱”近的那条路

我经常跟学员们讲，打造 IP 的第一步就是定位，包括对自己的定位和对平台的定位。找到自己的天赋是对自己的定位，知道你的天赋可以在哪个地方展示则是对平台的定位。只有将自己定位和平台定位相结合，才能做得更好，最终实现价值变现。因为，定位除了要考虑自身的兴趣爱好，更应该从“市场”和“平台规则”出发，没有市场就不好变现，不符合平台规则就发不出去，这样的定位就失去意义了。确定了定位以后，去视频号、抖音、头条这些主流平台搜一下你选择的行业关键词，看看有没有同行，能找到同行说明可以做，没有同行就得慎重，当然这也可能是一个机会。为什么这么说呢？因为没有同行说明有机会让自己通过差异化胜出，也说明这个领域更需要评估成功的可能性和关键要素。

衡量内容 IP 打造的好坏，流量的大小是一方面因素，更重要的是能否靠内容的创作来达到营利的目的。因为，随着流量费用的降低、消费习惯的升级、智能手机的普及，流量已经没有载体门槛了，所以尝试门槛也变得极低。吸引流量已经没有之前那么难，但如何让你的流量成为“留量”，产生交付价值以及持续交付价值，才是打造 IP 的终极目标。所以，天赋定位要走离“钱”近的那条路。

在我看来，近几年离“钱”最近的互联网微创业道路应该是“直播 + 短视频 + 电商”，无论是视频号、抖音还是快手，都是“直播 + 短视频”的内容创业者的优选，尤其是本身有特定领域技能积累的人的成功概率更高。根据峰瑞资本最近的一份报告显示，过去一年，投资最多的是新文娱、新内容的视频内容创业风口。

下面来说说靠内容变现的方式。

广告赚钱。如果你的内容很好、粉丝很多，点赞和转发积累到一定量的时候，你就可以变现了。比如可以通过视频贴片、冠名直播、形象代言、互动贴纸、发起挑战等方式进行品牌合作营销。无论打造的是什么内容，一旦有了流量池、有了粉丝，广告收入就会变得顺理成章，当然是否选择广告，可以根据自身定位来综合考量。

电商赚钱。短视频着实带火了不少产品，比如很多电商平台搜索结果展示“抖音网红”“快手产品”等，也有不少服装、美妆等会在抖音上为自己的店铺引流，抖音已经为部分“抖音达人”开放了直达淘宝的功能。2018 年 3 月，抖音出现关联淘宝的卖货链接，多个百万级以上的抖音号页面出现了购物车按钮，点击后可以直接跳转到淘宝的购物页面。现在视频号直播的电商变现更便捷，可以直接在小商店挂出产品链接，既可以是自己供应链端的产品，也可以选择小商店上其他平台推荐的产品链接。因为短视频和直播的大赛道是零售，所以也为创业者们提供了专属的供应链产品，比如文创、美妆、护肤等高性价比且有青年创业属性人格化的产品。

导流赚钱。有的人在不同平台做优质内容聚集粉丝，但可以导流到一个平台赚钱，尤其是把公域流量平台的粉丝转化为私域粉丝，把线下门店的用户转为线上社群成员。有些抖音号虽然不能在抖音上挣到钱，却可以在快手或其他平台获利。视频号因为本来就是腾讯系的，和微信之间可以自由转换。其他平台一般都是导流到微信端，通过微信私域流量运营产生后续变现，比如知识付费和技能变现。目前知识和技术的价值伴随着知识付费，越来越被大众所接受。只要你有微课或某类主题的课程，如乐器、绘画、健身、亲子、读书、写作、时间管理等主题，就可以通过知识付费类课程获得收益。百家号和今日头条也有知识付费专栏，还有一些技术类的直播可以通过普及有价值的内容获得收益。

只要你在某个细分领域输出价值，完全可以在视频号和抖音等自媒体平台逐渐积累粉丝，从而创造商业价值。如今对于很多人来说，接受教育这件事，不会再被“年龄”和“职业”限制，终身教育逐渐成为现实，因而很多从事终身教育的机构也像雨后春笋一样冒出。如果你来自终身教育行业，那么可能会感到这个赛道已经有点儿拥挤了。

2021 年麦肯锡研究院发布了一篇题为“中国的技能转型：推动全球规模最大的劳动者队伍成为终身学习者”的报告。这份报告让我产生了一个很强烈的感受，就是终身教育这个赛道远没有到“拥挤”的程度，它仍然是一个蓝海市场，有巨大潜力等待发掘，尤其是成人在线教育还有 6 亿市场规模。

数字经济为个人品牌赋能，在这其中，经营好自身 IP 尤为重要。大家做短视频和直播，都期待做爆款能出圈。一旦有内容成为爆款，出圈的概率确实很高。比如，有一个人因为拍了一个爆款视频，播放量达到了 8000 多万，这个视频的主人公出去坐公交，直接就被人认出来。这就等于因为好的视频内容而成功宣传了自己，把自己营销出去，经营好自身 IP 就是影响力的变现。

互联网的流量形态正在发生根本的变化，即从文本转向了视频。有两个重要的数据：第一个数据是，2019 年第四季度，中国互联网用户看视频的时长（包括长、中、短视频），超过了使用即时通信的时长，这就意味着有史以来用户使用的视频时长第一次超过文本时长；第二个数据是，截至 2020 年 8 月，仅仅是短视频的使用时长，就超过了即时通信，视频内容供不应求。

过去 20 年，互联网有三波新媒体内容创业的机会，分别是博客、微博、微信。能够“吃”到这三波机会红利的人，本质上是同一批人，就是那些原本文章就写得很好的人。他们先是开博客，然后去微博，之后又做微信公众号。也就是说，在文本为主的时代，什么样的人能够供给好内容是有成熟标准的，而且是经过了互联网的充分培育、充分普及的。

然而，在转向视频之后，你会发现情况完全不同了。第一，没人知道谁能拍好视频；第二，也没人知道，拍好视频需要什么样的能力和背景。如果你去招写文案的人，你就要清楚地知道他应该具备哪些能力，可以大概从哪些行业背景去找；但是，如果你要招一个能够拍出好创意、好视频的人，你都不知道招具备什么背景的人，所以只能按自己的想象，招聘广告公司和电视台出来的人，其实他们拍出来的视频并不完全符合当下用户的需求。

对新加入的视频内容创业者来说，这种局面是个巨大的利好，因为你不必面对那么多的“前置竞争”。以前微信公众号创业，你得跟所有已经证明过自己文章写得很好的人竞争，但今天没有人证明谁是能将视频内容拍得很好的人，只要你做出好内容，就有机会和有足够大的可以发挥个人才能的空间。

就像上面讲的，内容创业变现的通路如今已经全部打通了。例如，一是独立游戏开始赚钱了，独立游戏就是不通过腾讯等游戏运营商来发行的游戏，历史上第一次开始批量赚钱；二是影视开始赚钱，各种各样的影视 IP 越来越多；三是衍生品开始赚钱，比如已经有做文创盲盒的公司上市了；四是消费者开始愿意直接给创作者付钱了，比如 B 站搞的会员收费，就是让消费者直接给内容本身付费，为创作者付费，而不是通过广告来变现。视频内容创业的这四条变现通路已经全部打通，意味着视频内容会越来越值钱。

未来，如果你有天赋优势并且找到了很好的展示平台，那么就相当于具备了网红属性，能够与粉丝之间产生亲密距离的深度互动，从而提高自身的转化能力和变现能力。这也恰恰意味着，当你成功打造了个人 IP、塑造了个人品牌以后，你就找到了离“钱”更近的路。

标签化：让别人清楚地知道你是谁

在打造个人 IP 的过程中，实际就是在打造我们的人设，或者说是给用户传递印象和标签，包括我们的样子、我们的语言和我们的行为。个人 IP、大 V、网红、粉丝、私域流量都是以人设为基础，是人格化营销的典型。人格化是建立与用户关系拥有温度感的唯一路径，所以打造个人 IP 就是给自己贴上一个个性鲜明的标签。

你的定位一定要和自身的习性相结合，也就是基于自己的优势和长处，然后不断放大自己的闪光点，这样塑造的形象才不会缺失真实感。要想突出个人标签，就要充分发挥自己的超级长板。

什么是超级长板？就是在过去工作生活中，哪些事情是你喜欢、擅长而且能产生价值的。这里说的擅长通常指超过 1 万小时刻意练习，成为行业专家或高手。以我自己为例，我有 10 多年的企业培训经验，上过大大小小的讲台和舞台无数次，给很多知名企业都讲过课，我也是英语科班出身，英语专业 8 级，曾经服务外资企业客户，有外企英文授课经历。可以这么说，我在讲课这件事上算得上是十年磨一剑。我在英语、阅读和健身上也是如此，我每天基本会花一个小时左右的时间，既锻炼身体，也持续加强自己的知识输入（阅读）和开拓国际视野（英语技能），并且一直在持续学习成长的路上。我很喜欢乔布斯说的，人生中做的很多看似无用的事情，其实最后都是可以连成线的。比如你篮球打得不错，也打了很多年，但这件事本身可能产生不了价值，你无法成为篮球运动员或篮球教练；但还有一种可能，因为打篮球时间足够长，对篮球周边产品比较了解，成为一个网红球鞋达人，这件事就有了价值。

一旦通过个人的优势发挥了超级长板并产生了价值，就使自己成了一个可被识别的独特标签。一个人的标签就是管理别人对你的印象，是最直接的个人品牌，同时也是最快速输出自身价值的方式。一旦形成个人鲜明的标签，那么所有内容都要围绕着这个标签去打造，与标签无关的事情就不做。如果你是做运动健身的，就要围绕减脂、塑形、瘦身、增肌等话题去输出内容；如果你是做业绩增长的，就要从营销、团队、盈利等方面去输出内容；如果是做女性成长的，就要从女性能量、婚姻家庭、情绪管理和个人成长等方面去输出内容；如果你是做亲子教育的，就要围绕育儿、专注力、学习、亲子陪伴、儿童心理等方面去输出内容。

那么，如何打造一个满足需求、好传播又简单的标签呢？可以先给自己取个好的头衔或名称，如果有公司，可以用“企业 + 职位”的格式，比如：某某公司运营总监、某某企业特聘讲师。如果没有企业，属于个人创业者，那么可以用自己的专业特长来告诉别人你是做什么的，你能为别人提供什么样的服务，你的服务特点是什么，这些都可以在标签中体现。

在今天这个信息爆炸时代，创造一个有识别力的个人标签，然后用自己的能力为其背书。

在打造个人标签的时候先要问自己三个问题：

（1）现在做的事情，是在让自己赚钱，还是让自己更值钱？

（2）每天做的事情，是在增加自己的品牌影响力还是在增加别人的品牌影响力？

（3）正在做的这件事，能否让你不断地输出自己的专业知识、态度、价值观，让更多的人知道你、熟悉你、信任你？

看似简单的三个问题，里面包括自己的价值观、专业和态度，这就是个人品牌化。另外，让更多人熟悉你、信任你，就是将来被人熟知的基础。搞清楚了方向，接下来就要为个人品牌的沉淀去努力，如果有过硬的能力或专业技术，就以此为出发点努力；如果很普通，专业不出众又没什么特长和爱好，就要不断试错，通过试错找到自己热爱的东西，然后深耕，最终逐渐形成个人标签。

我对数字经济“她力量”的思考：

◆ 没有受众的内容就成了自说自话，无法产生更广泛的价值。

◆ 成功在一开始，仅仅就是一个选择。你选择什么样的目标，就会有什么样的成就，就会有什么样的人生。

◆ 愉悦提供方向，痛苦提供能量，恐惧决定边界。

◆ 终身教育这个赛道远没有到“拥挤”的程度。

◆ 现在做的事情，是在让自己赚钱，还是让自己更值钱?

◆ 每天做的事情，是在增加自己的品牌影响力还是在增加别人的品牌影响力?

◆ 正在做的这件事，能否让你不断地输出自己的专业知识、态度、价值观，让更多的人知道你、熟悉你、信任你?

第四章

如何更清晰地知道我想吸引谁

最理想的客户是“找到和自己相似的人”。

给自己的目标用户画像

前文我们讲过，明白“我是谁”是圈定领域做自己的前提，这是一个向内探索的过程。那么吸引受众，就是一个向外反馈的过程。“创业者 IP 打造”是双向的：向内深入挖掘自我的基因，向外寻找外部世界蕴藏的机会。“创业者 IP 打造”是从内心世界和外部世界中寻找新道路和新机会。因为我们所有人都活在两个世界中：一个是内部世界，它因你的存在而存在，是你的内部意识，包括感觉、想法、思想、情绪和感受；另一个是外部世界，它不会因你的变化而变化，而是包括了其他人、各种事物、不同环境。外部世界无论我们生死与否都一直存在，你只能通过内部世界去感知这个外部世界；同时，外部世界也是根据你的内部世界来呈现和配合你的。你可以通过感官去感知这个世界，通过价值观、感受和态度去认知这个世界。为了打造真正属于你、符合你的“创业者 IP”，你需要了解这两个世界。

为了找准定位，你要确定你服务的对象是谁。所以，我们要为客户画像：你希望谁来作为你的客户呢？你最想服务谁呢？最终，你会发现最理想的客户是“找到和自己相似的人”，这也是一个给自己的目标用户画像的过程。

用户画像的英文是 User Profile，意思是生动描绘用户的特点，即把这类用户具象成一个人，然后用介绍这个人的方式来描绘这一类人。也就是说，要找到一些符合目标特点的潜在用户进行调研，然后生动描述调研用户的特点。比如，如果你想专注于女性化妆这个领域，那么最开始的内容输出就是帮助爱美女性学会如何化妆、如何挑选适合自己的化妆品、如何避免在化妆方面“踩雷”。首先，你需要找到这类用户，对她们进行初步调研；其次，你需要描绘用户画像，比如你可以选择刚参加工作不久的白领阶层或大学生，她们属于对日常化妆有需求但经济又不是十分宽裕、买不起太高档的化妆品又需要满足自己需求的群体。

俗话说，要想钓到鱼，就要像鱼那样思考，而不要像渔夫那样思考。如果想让别人喜欢你的内容并产生持续的关注、传播进而裂变，就必须站在用户的角度思考问题。但很可惜，现在有很多人不知道这一点，他们往往喜欢站在自己的立场思考问题，而不是去分析用户的动机和心理需求。

我们选择的用户，是要在实践中不断去验证和调整的。用户的反馈，也会反过来帮助我们梳理自身“创业者 IP”打造定位是否精准。之所以要精准地明确目标用户，主要有两个关键因素：一个因素是用户都有自己的特点，他们希望自己的特殊需求和期望能够得到重视。“统一处理”的方式就让人觉得不被重视。如果了解用户的特殊点，就能够创造出一款极具特色且独一无二的产品。如果还不是特别了解目标用户，就没办法赢得用户。因此，必须尽可能多地了解用户：年龄、职业、家庭状况、爱好、花钱的项目、生活方式、教育情况、经历背景、经济收入、兴趣、榜样人物等。在开始之前，你需要弄清楚几个问题：你的作品是想要给谁看？你是否努力地去和那些还未被完全开发的潜在受众建立联系？你的受众主要是年轻人还是老年人？

另一个因素是用户对每个人、每个企业的重要性不言而喻。那么，你了解自己的用户吗？你懂他们的需求吗？你有分析过每个用户的情况吗？而你又如何帮助或服务他们，让他们变得更好呢？回答了这些问题才能找出你自己的用户。

当我询问一些媒体他们想接触到的受众群体时，得到的回答经常是：我们想让作品接触到所有人！我们想要很多很多的读者。

当然，每个人都想拥有很多读者。但作为机构，你需要设定现实的期望值，并建立一个清晰具体的形象，告诉读者：这些群体中的人能真正从阅读我们的作品中受益。一旦你确定了你的受众群体画像，你就可以进一步决定在哪里发布内容。互联网有众多的平台，但将作品发布在所有的平台上也没有意义。根据你的作品、你的受众以及你的运营习惯，选择合适的平台是受众策略的关键。再好的 IP 最初也仅仅是锁定一部分群体成为自己的目标用户，先解决了一小部分人的需求，让他们成为自己的粉丝，自然而然地他们会去阅读、收藏、点赞、转发相关的内容，从而能够让更多的用户群体看到。

比如，Facebook 一开始专注于大学生群体，后来才发展到所有人；再比如，Airbnb 一开始专注于沙发客，后来发展到了时代旅馆、度假社区等内容，现在还推出了 Airbnb Experiences，专注于组织活动和体验。Facebook 和 Airbnb 的成功经验告诉我们，只有先解决好某一类人的需求，让你的产品成为解决这类人需求的最好方式，然后再发展到更多的人，让产品逐渐成为更多用户的选择。所以，初版产品一定不是一开始就定位在“所有人”上，而是先定位于某一类人，这样才更有成效。

做好用户画像之后，就会产生可持续的用户生态。打个比方，你只有先打造一片草地，才能吸引喜欢你这片草地的羊，所以第一批羊很关键。如果第一批羊能够在草地上适应下来，那么这片草地就是没问题的，就可以吸引更多的羊。羊多了，你就会发现头羊才是关键的。为什么呢？因为一只头羊可以管理一大群羊，这就省事多了，那些头羊会帮忙管理小羊，只要有头羊，羊群就可以聚集。羊多了就会有狼，还会吸引更多喜欢这片草地的生物。这样就会逐渐产生大自然的生态效应。

这就是用户画像的意义，不给用户画像、找不到潜在用户的任何内容只能算作“自嗨”，而无法产生更多的价值。在用户画像方面，我们秉承“弱水三千，只取一瓢饮”的原则。

满足用户差异化的心理需求

用户差异化指什么呢？简单理解就是，不同类型用户的个人需求是不同的，有的人喜欢看直播，有的人喜欢看头条，有的人热衷于听知识付费的音频。而且不同年龄段和不同性格特征的人，对网络资讯和获取内容有不同的偏好。另外，同一个人在不同的时间和地点对于内容的选择也有所不同。拿我自己举例：同样一个专业类的内容，如果它的呈现方式是多样的，比如有文字版、音频版和视频版。那么，我通常优先选择文字版作为我的核心获取方式，因为文字版更容易让我聚精会神地去看，获取效率更高。其次是视频版，信息吸收度和理解度更好。再次是音频版，可以重复在碎片化时间收听。比如泛资讯和娱乐类的内容，我喜欢通过看直播和视频来获得综合感官体验，但是这并不意味着我就不需要音频版和视频版了；比如晚上睡觉前，我更喜欢音频版，因为选择音频，收听不那么累，听到哪儿就是哪儿；再比如在路上、在健身房等场合，音频版较之其他会更适合。同样的内容，不同的人，在不同的使用环境下，产生的效果也是不同的。

打个比方，如果你销售一款沙发，推销客户是“60 后”，沟通用的销售术语通常跟实用性、身份感、性价比关联在一起；但如果这款沙发卖给“90 后”，销售术语就要和功能性、个性化、色彩感联系在一起。因此，不要试图将同一个产品卖给两个年代的人。“60 后”和“70 后”相差一个时代，价值观和审美就有很大不同。现如今，“80 后”“90 后”已经成为社会主流。所以，目标人群定位越精准效果越好。

这就引发了我们一个思考，如何去满足用户差异化的需求是研究和找到潜在用户的重要依据之一。互联网的飞速发展，每个人都有了树立自己品牌形象与打造个人 IP 的基础和意识，比如我们经常在视频号、抖音、微博等平台看到，一个普通人能拥有几十万甚至上百万的粉丝，写的文字或拍的视频有 10 万 + 的阅读量，这背后除了对于个人账号的精准定位和优质内容的推送之外，还有一点非常重要，那就是满足了用户的需求，迎合了人性的特点，符合了平台的规则以及满足了大众的口味。

我研究过那些被用户喜欢的内容，从心理层面上觉得无论是视频还是文字内容，无外乎满足了用户以下的心理需求：

第一种，满足了人们想看到真善美的心理需求。比如那些深夜还在路上奔波的人，比如那些感人的画面和故事，再比如那些“中年人的字典里没有‘容易’二字”的煽情视频或帖子。这些或温馨或感人的内容，让人看了都会通过别人的故事反观自己，从而产生一种偿还感和心理的共鸣或共情。这样的故事或帖子往往关注和转发率都非常高。

第二种，满足了人们“身份认同”代入感的心理需求。视频中讲述的故事和内容让人一看就觉得“这说的不就是我吗”，这样不用说观看者也会转发，因为观看者找到了一种身份认同和共情的感觉，通过转发别人的故事来塑造自己的标签或感受。

第三种，满足了人们学习和掌握知识的需求。比如有些帖子或视频号教家长如何愉快地辅导孩子作业、如何让孩子提高成绩、如何理财、手机如何防电信诈骗等。这样的内容会引发读者或观众的心理需求，认为对自己有用的东西转发给别人一定也有用，因而得到大量转发。

大部分用户阅读内容主要是为了满足理性与感性的心理诉求。情感上的需要比生理上的需要来得细致，比如愉悦、愤怒、悲伤……

总之，能让用户看完觉得很爽，就是超高标准。当然，这就要求我们找到与目标用户相匹配的情绪并满足他。比如，很多搞笑段子和视频就是希望用户在生活的压力下看到视频能够放松和开心一下，所以这类视频的转发率很高。

在这里，也补充一个“知识”的判断标准：能引起用户思考或发生行为改变的信息，才能称得上知识。比如，现在很多知识型的 IP 之所以能够得到关注，是因为提供了可以帮助别人提高演讲能力、提高情商、提高育儿水平、提高企业领导力等方面的知识内容，因为能够给别人提供解决问题的方法和技巧，当然也能得到大部分人的认可。

所以，你在创作完成自己的内容后，问问自己，我的这篇文章、这个视频、这场直播是否能够满足用户的需求？用户分享转发的可能理由是什么？思考它，强化它！

好的内容一定是能给人带来价值且可以与用户产生共鸣的。如果是视频内容，拍摄前一定要设计好你的脚本内容。不是说拿了手机就随便拍拍拍而没有文案主题，而是要达到用户看了后能有所收获的效果，能给人带来知识、开阔视野或产生情绪价值的内容。用户观看后有转发、收藏和点赞的意愿，这样的视频曝光率才会逐渐提高。

任何营销高手都是打心理战的高手，他们明白用户喜欢什么然后去做什么，能抓住用户的痛点和痒点，找到这些规则后，就可以持续不断地输出此类视频，不断地监测和分析数据以吸引粉丝。

比如，我的视频号“太阳姐姐吴思潼”是在 2020 年 6 月 13 日开始发布第一条短视频的。置顶的短视频叫“岁月是把美容刀”，介绍了自己职场 10 年的一分钟短片，在当时粉丝不到 500 个的时候，就达到了 2.1 万播放量，现在播放量已经超过 13 万了。一条“为什么关注我的三个理由”短视频，就为我增加了 1000 个新粉丝。其他发布的短视频，有 10 条都在 72 小时达到了破万的阅读量，这都是视频号早期时候的操作。在视频号发布 100 天的时候，荣获视频号 TOP 100 教育—认知博主自媒体类前 50 名，第一时间获得了加 V 教育自媒体认证。

通过视频号，我认识和连接了一些平时连接不到的人，印象最深的是通过视频号我结识了两个非常投缘的创业者加入我的团队，一个是北京的服装企业主，一个是毕业于全球前十名校的“90 后”创业者。两个人都和我很“同频”，非常合拍，后来她们都成了我互联网创业团队的合伙人，更成了生活中的好朋友。我因视频号结识的朋友和粉丝还有很多，最大的感受是，“连接力”才是视频号真正的魅力所在。同时，通过视频号也激活了很多原来微信圈的老朋友，一下拉近了人与人之间的距离，还带来了 50 多个视频号学员来学习。特别令我感动的是，有一位德高望重的老师在看了我的“10 万 +”短视频之后，给我写了一首诗，作为鼓励：

《吴思潼》

太阳姐姐吴思潼，
励志女性正当红。
年薪三万到百万，
一剑磨砺十年中。
环球旅行看世界，
创业路上女英雄。

选择目标受众的三个核心

我经常跟学员们强调，选定自己擅长的领域只是一个方向并不是关键所在，因为即使是你自己擅长的，没有目标受众也做不出用户需要的东西。你应该先确定用户和他们的需求，而不是先确定自己想传授的东西，这是一个动态的调整和定制过程，要为用户提供他们想要的东西。实际上，无论选领域还是选受众，最终必须确定自己的受众对象是谁？是青少年、家长、女人、男人，还是退休人员？你要弄清楚谁是你真正的目标受众。一旦初步确定了用户群体，你就可以根据他们的生活经历、性格和职业筛选出最理想的受众。最后，你最好使用关键词描述出理想受众的典型特征。

选择受众有三个核心的问题要搞清楚，这三个问题分别是：

（1）谁和我一样对这个领域感兴趣？

（2）谁体验过和我类似的痛苦？

（3）谁最有可能为我的产品和服务买单？

首先，谁和我一样对这个领域感兴趣？也就是谁希望学习我已经学到的知识？最有可能有收获的用户会是谁？通常，用户是和你一样对这个领域感兴趣、有一些类似需求的人。比如，我的“天赋定位和个人品牌打造”特训营，吸引的就是对找到天赋、找准定位、传播个人品牌感兴趣的人。我自己非常喜欢研究天赋和定位相关的领域，价值观相同才能融入同一个圈子。另外，根据自己的特长去寻找和你一样对这个领域感兴趣的人。比如，你会讲书就会吸引爱阅读的人，你爱健身就会吸引喜欢运动和关注健康的人，你爱穿搭就会吸引和你一样对穿搭美学感兴趣的人……如果你对自己领域的事情一窍不通，是不可能赢得粉丝信任的。只有你是这个领域的“专家”，粉丝才能信赖你、追随你。定位不能太宽泛，也不能太狭窄，有一个最简单的方法就是看百度指数，如果指数为0的领域，就别做了，受众太小。

其次，谁体验过和我类似的痛苦？也就是说他们是曾经的你，还在苦苦挣扎和困惑，你已经走出来了或者是先行一步，你的分享对他们来说是有价值的。这也就是，我有所感，世有所惑。世界上人们有所困惑的地方，就是我们有所感悟的地方，这就是价值。这也说明，我们的人生经历都是有价值的，这也使得你对自己的用户更能感同身受。我在“女性创业者IP打造”过程中，也曾经和很多创业者一样，面临过事业转型的瓶颈、IP打造的迷茫、不清楚自己的精准定位是什么。我经历了从0到1、从线下升级到线上，带领团队一起成长之后，大家的困惑我都能感受到。所以，我愿意做一个陪伴者，我愿意陪着我的学员和圈子里的姐妹一起成长，倾听她们每个人的故事，助力创业女性IP打造和创业女性的勇敢成长。

最后，谁最有可能为我的产品或服务买单？能买单的才是真正的用户。基于对人的信任而购买，一方面要把自己的卖点和价值表达得足够清晰，另一方面也说明用户真的有这个需求。

之前的销售模式是先有产品再有用户，现在是先成朋友再卖产品。以前我们认为产品好、内容好，价格有优势就能卖出去。现在变了，有了信任才有买卖，你先跟别人建立信任感再把产品卖出去，先社交再成交。未来在零售领域最大的壁垒不是技术，也不是资金，而是基于人与人之间关系的情感，情感和时间将成为最大的壁垒和护城河。

综上所述，可以呈现我们的用户群体特征：某个典型的人群，包括他们的生活经历、性格、职业等。

举例来说，我是一名女性互联网创业导师，我所提供的是女性互联网创业相关的线上线下教育课程和电商美妆文创等产品。我们的典型目标用户是25—55岁，面临人生或事业阶段性转型，渴望升级职业定位、找到副业或创业平台、打造互联网个人IP、跟上时代的人群。同时，根据对过往团队成员的分析，发现这些学员或创业者中，以女性群体为主，大多属于不甘于平庸、自律、上进、爱学习的刚步入互联网领域的人群。

大多数人在选择受众的时候想让所有人满意，但是“众口难调”，那些试图让所有人都满意的人，最终往往谁都不满意。我们只需为一部分人提供产品和服务。所以，聚焦目标群体，让真正的用户满意，为那些长期尊重你并且真正看中你的用户提供优质服务。

我们吸引的每一个用户都是另外一个身体里的自己。所以，服务用户的过程，就是成就自己的过程。

用户对打造个人IP的反向验证

人们打造个人 IP 的目的是扩大影响力、增加粉丝、产生品牌效应，从而实现商业变现。之前我已经说过商业变现的几种路径。其中有一个就是广告，这个和粉丝量密切相关。不但你的账号要有调性，还要看你的人气和粉丝人群。你的粉丝越多，黏性越大，浏览广告的人就会越多，这样就能赚广告提成。更不用说粉丝积累到一定程度以后的其他途径的变现，比如直播带货、产品广告植入等。这也是精准确定受众人群对打造个人 IP 的重要作用。同样卖产品，一旦你的受众认可了你，同时他也就认可了你所代言的产品。目前，小红书上的博主尤其如此。

就拿我的视频号直播来说，直播不是一件“自嗨”的事情，而是在直播间进行交流、互动和连接。你可以给粉丝带来一些有品质的内容，才会有人想关注你，从你这里学到东西。所以，打造个人 IP 是一个持续积累优质粉丝的过程。只有积累你的用户群体、付费群体，才能让你的账号做得越来越精、越来越好。

如果说用户之前仅仅是产品的拥护者，那么随着自媒体内容创作的发展，你的用户不但能成为你的拥护者，还能成为你的助力者、营销者和传播者。

当前热门的网红效应、直播带货、社区团购等，它们的商业本质都是利用互联网工具吸引忠实拥护者，开发“粉丝经济”。而所谓的“粉丝经济”，其核心是有持续吸引粉丝的内容创作能力，特点则是满足粉丝的需求，把用户变成朋友。

一旦你的用户成了你的朋友，那么你的个人 IP 同时代表的也是你用户的价值观，你的粉丝通过拥护你从而彰显了自己的身份与价值。这也是目前人们意识到私域流量的价值所在，同时也是用户对打造个人 IP 的重要作用。

相对于淘宝、京东、抖音这些公域流量而言，私域流量是网络用户查看或访问个人账号、朋友圈、社群或通过这些载体进行聊天、留言、点赞、交易的平台，具有更强的用户信任度和黏性。所以，私域流量是把用户变朋友，是免费且可直接触达用户的阵地。

首先，假定公域流量是以平台为中心建立的用户流量池，那么私域流量则是在公域流量池的范围内，个人通过某种形式建立的自有的去中心化的用户流量池。二者的本质区别在于用户流量的支配权是否在平台上的个人或企业主体，是否可以免费且无限次使用。其次，从商业应用角度来看，私域流量早在 5 年前就已开始渗透到互联网各大平台，从第一代“微商”到形成规模的社群营销，从网络主播的“粉丝经济”到博主自营品牌营销，私域流量已经成为互联网营销生态下网红博主的核心资产。

当自己拥有了一部分种子用户或忠实用户以后，就可以进行裂变活动，最终实现向外反馈后的向内回流，打造从内容到价值的闭环。

同时，用户对于打造个人 IP 可以发挥反向验证作用，用户会反馈她们喜欢你的哪部分内容，需要你提供哪些方面更多的价值。这也是由用户驱动，定制需求商业模式的美妙之处。用户会告诉你，你对她重要的价值点。当你根据用户的反馈去调整，更好地与用户互动，满足用户需求，这就产生了生生不息的供需转换及彼此认同和需要。

确认受众人群时不得不知道的事

当积累了一定的流量与粉丝以后，下一步就是如何留住自己的受众人群。要想做到这一点，给自己的用户圈子提供有价值的内容是关键，尤其是对于个人号的引流和留存来说，好的内容起到的作用几乎是决定性的，个人号的内容也需要规划。这也是为什么从 2021 年开始，我们都在探讨“从流量到留量”的原因。

现在的自媒体并不是来一个人就能成为粉丝，但是一旦成为粉丝便会组建成更紧密的社群和圈子。小米公司是因为圈子发家的，罗振宇是通过社群致富的。小米公司的社群里人人都是小米产品发烧友，所以自然而然黏度高。早期的罗振宇也一样，通过每天的微信语音 60 秒分享，建立了一个“终身成长的死磕群体”，这样的群体因为罗振宇而存在，也因为共同的价值观和兴趣而存在。所以，在打造自己的同时，脑子中要有社群思维，在传达信息的同时，也要能够树立正确的、积极的价值观与大家产生共鸣，或者让具有共同兴趣爱好的人围绕在自己身边。通过对自身的价值观和兴趣爱好的塑造，不仅能找到志同道合的伙伴，也能吸引更多的人。

因此，确认受众人群要考虑的因素离不开利他思维、输出价值和客户需求。所谓利他，就是你要对自己的内容负责，不仅是自己想要表达的东西，还要看这个东西对你的受众和用户有没有帮助并产生价值。自媒体的威力正在变得越来越强大，你的文字、视频、声音、思想和所做的事，都在传播一种价值观和生活方式。当你的粉丝不太多的时候影响的人不多，一旦粉丝变得越来越多的时候，影响的人也会越来越多。比如 PaPi 酱是知识领域的红人，猫叔是微信公众号里的红人，李子柒是小视频时代的红人，她们影响的人都是百万、千万量级的，她们自身就是媒体，就是超级传播体。因为能够影响别人，所以要有“利他”思维，只有这种思维才会让自己的内容更有深度，传播得更久远。

相信很多人都看过，微信视频号上有一个账户，内容只是发一些日常的 5 岁小男孩对 80 岁太婆婆的孝顺，有了好吃的，孩子会第一个给太婆婆，吃完饭会帮着太婆婆把碗筷收拾走。这反映的是十分朴实的日常生活，没有什么高难度的剪辑，也不需要文案推广，却有 10 万 + 的阅读量，因为人们从这些平凡又普通的日常中看到了中华美德、看到了幸福与和谐，所以人们爱看。这就是一种价值输出，不露痕迹的推广是最高明的推广，不带任何功利的内容，反而最有内涵。

具体落实到内容创作方面，要为用户做哪些考虑呢？

1. 内容要简单好理解

干货并不是高大上，反而是接地气。无论写文章还是拍视频，哪怕你是某个领域的专业人士，也不要把内容做得生硬又难懂，更不要让人觉得烧脑和费解，那样只会让人反感。所以，对于用户可能不懂的东西，别犹豫，该解释就解释，减少认知陷阱。不要总想着讲多么华丽的词、用怎样的逻辑、用高雅的文字和精致的辞藻，这样反而会喧宾夺主，莫名其妙地拉高信息密度。这样不但不会吸引人，还会让人骂“这个视频不说人话”。越是让观众觉得简单的东西，观看体验越舒服。直播也是这样，越说大白话，越能拉近与观众的距离。

2. 建立鲜明的人格特色

如果你创作的内容无料又无趣，铁定会淹没在茫茫网海；如果你创作的内容有料、你的人又有趣，那脱颖而出也只是时间的问题。所以，如果你想成为超级传播体，你自身就要具备人格特色，要做一个有趣的人。比如，被称为爱情导师的涂磊就属于真性情的人而广受观众喜爱，涂磊属于铁面无情的导师，对有些问题真是不留情面、该骂就骂，分析问题也是一针见血，这样反而让人觉得非常有人格特点。无论是严肃认真还是幽默风趣，这都不重要，重要的是有自己鲜明的人格特点。独特就是个人风格，就是一个标签化的人设，就能够被人记住。

3. 找对受众跟上时代

无论是早期的微博，还是一直很火的微信以及现在正火的视频号直播，时代在不断变化，传播的载体和形式也在不断改变。在新媒体时代，要跟得上时代的步伐，听得懂不同受众的语言。越来越多的网络用语开始媒体化，接受度也越来越高。我们在做其他年龄段的新媒体内容时，也可以多用年轻化网络用语。

我对数字经济“她力量”的思考：

◆ 秉承“弱水三千，只取一瓢饮”的原则。

◆ 我有所感，世有所惑。

◆ 我们的人生经历都是有价值的。

◆ 谁和我一样对这个领域感兴趣？

◆ 谁体验过和我类似的痛苦？

◆ 谁最有可能为我的产品和服务买单？

第五章

我到底能为你带来什么价值

每个人都有梦想。

尽你所能帮助别人实现他们的目标。

解决用户痛点

有学员问我：太阳姐姐，我感觉自己的内容很不错，看的人不少，可是点赞的人不多，怎么办？我认为这是一个很好的问题，也是一个很常见的问题。我自己就有这样的经历。这里要思考一个问题，为什么别人要点赞你的内容？视频号点赞就等于转发，就会向自己的社交人脉进行传播。说得直接一些，你的内容就是你的产品，你需要给用户一个点赞的理由，有了这个理由大家才会分享。本质上，每个人其实都是喜欢分享的，但给你点赞需要一个理由。所以，你的内容首先要像产品一样能够解决用户的痛点。关于用户痛点，有一个小故事与大家分享。

有一家女鞋店，生意一直不温不火。一天，老板来到店里，无意中听见两个顾客在抱怨，说试鞋的时候频繁脱鞋、穿鞋太麻烦。说者无意，听者有心，老板突然觉得可以做点儿什么。第二天，她在店内铺上干净的地毯，门口设置了漂亮的鞋架，并在门口贴上告示："店内铺有地毯，您可以脱鞋购物，本店代为您擦鞋哦！"没多久，来店里买鞋的客户越来越多，小店的业绩翻了几倍！

自媒体时代，个人IP打造也是如此。只有知道用户需求才能让内容更有价值也更容易被接受。一切商业的出发点不是自己获益，而是用户获益，或者说先让用户获益才能换来自己获益。因为用户最根本的动力就是内心的欲望，如果你能满足用户的欲望，就等于切入了对方的痛点，这也符合马斯洛需求层次理论。

不能解决用户痛点的IP，是没有太大商业价值的，这点非常值得一提。无论哪个大V或者是超级网红，他们的影响力多数来自拥有解决用户痛点的能力。

个人IP要想变得有价值，就要发现用户的需求，找到用户的需求就等于找到了财富的钥匙。具体怎么做呢？我的个人经验是首先对自己的种子用户进行一对一辅导和沟通，接触不同行业和人们的需求痛点；其次是定期对老用户回访，问问用户的心声；最后不妨参照一下同行，看看他们是用什么样的内容、解决了用户哪方面的痛点。

用户的需求点就是你的卖点。请向自己发问：我的目标用户有什么紧急需要解决的问题吗？我怎样才能解决这个问题？我怎样才能以最佳方式找到目标用户亟待解决的问题呢？人们有需求才更愿意买单，有需求的用户就想快速找到答案。我们通常写的销售文案就是从用户痛点出发，最终呈现价值。

奉献多元价值

为用户创造价值是把自己和用户连接起来的纽带。梳理能否为用户创造价值的过程，也是一个女性创业者进行 IP 打造的过程。

在这个世界上，我们每个人都是独立的个体，要想实现个人领域的成功，就要做好“自转”；要想实现公众领域的成功，就离不开“公转”。我们与外界的关系都是建立在彼此“公转”的基础上，“公转”，是与他人发生价值互换关系，这个价值包括方方面面，有经济价值、情感价值、知识价值、职位价值和娱乐价值等。“公转”系统本质上是一场价值的交换，其中利他是最好的名片。因此，我们要思考：我的“创业者 IP 定位”能为我的用户带去什么价值呢？前面说的满足用户的需求是给别人带去的价值之一，另一个价值就是要给用户带去好处。

对自己有好处的事情人们往往愿意参与，所以内容打造的价值就是要让用户感受到好处，而且要有足够吸引力，引发用户消费升级和精神升级，打造新的生活方式、激发内心激情和唤醒梦想，要从用户感觉和体验出发。其实，我们通常写的品牌文案就是从用户利益出发，最终呈现价值。

为用户创造价值要遵循两大原则：

1. 要想为用户真正创造价值，就要和用户保持联系

和用户的联系媒介从文字到图片、到音频、再到视频、现在到直播，从过去遥远的距离到现在实时在线，不得不感谢数字经济基础设施所带来的便利。

我们要经常和最重要的用户进行交谈，这可以帮助我们了解客户，明确他在乎的价值。要清楚用户在忙着做什么，需要什么，以便为其提供解决方案。通常你会发现，用户的问题越大，他想找到一位真正的专家的期望就越强烈，他也更愿意为此付出高价。只要记住：每个人都有梦想，尽你所能帮助别人实现他们的梦想。

2. 自身定位精准，寻找和你才能互补的合作伙伴

术业有专攻，处处有专业。我们也需要邀请别人来帮忙解决自己不擅长的问题和痛点。每个人都可以发挥自己的天赋，彼此赋能。我们也可以问问自己：我棘手的问题是什么呢？我有怎样的瓶颈？谁能帮我解决这个棘手的问题呢？如果你把所有的事情都扛下来自己做，必将混淆你对自己的定位，难以有超乎寻常的发挥。所以，要寻找和你才能互补的合作伙伴。

在为用户提供好处这方面，可以梳理两个问题，有利于自己清晰地了解作为一名创业者对用户的价值。

（1）列出个人十大卖点（你最有价值的地方），交叉验证你的 IP 定位和优势影响力。

（2）如果让你为别人解决一个问题的话，你会帮别人解决什么问题。

我们都知道在读书变现这个领域，樊登做得非常成功。最初他在

没有做读书节目的时候就有两个原则：一个是为用户创造价值；另一个是对自己精准定位。樊登在大学期间就是全国名校辩论邀请赛冠军，并且有做主持人的背景，这就为他以后讲书打下一个非常好的基础，也可以说这是他的天赋定位。最开始他在微博提出一年读 50 本书的想法，督促自己读书的同时也给学生推荐好书（这就是为用户带去价值），但学生们要了书单却很少有人能坚持阅读。于是樊登就发现光给他们推荐书还不够，学生的痛点是没有时间看书，他觉得应该自己读后把书的精华部分讲给他们听（依然想着为用户带去好处）。他开始给自己定位，他要当一个讲书的人。从 2013 年开始，他开始线下讲书，每次讲完，听讲的学员都会去买书，读书会大受欢迎。后来，因为微信群的功能普及，他就把学员拉到群里，用语音的形式给大家讲书，一年讲 50 本书，一年收 300 元会员费。樊登会根据用户的需求和反馈认真地打磨产品，同时他非常重视用户增长。

樊登的成功可以诠释“天赋定位”的方法：

问：如何给你的用户画像？

答：樊登针对职场人和喜欢读书的人。

问：你能为你的受众解决什么问题？

答：樊登帮助的是想要读书却没时间和没有耐心以及自己读不懂的人。

问：你在哪里讲、用什么样的方式解决？

答：樊登读书用音频和视频的方式去讲，自己作为主讲人或邀请作者以现场采访式讲书。

所以，真正把内容做好的前提还是要让内容产生价值，给用户带去好处，用户才能回馈更多的利益与回报。

平实而与众不同

如今是信息爆炸的时代，每天都有无数信息产生，但同质化现象也变得越来越严重，如果你输出的内容不能做到“与众不同”，就会陷入“与众相同”，那就很容易被用户忽略，淹没在信息的海洋中。所以，有一句话叫作“要么出众，要么出局”。目前做直播的人很多，互联网上的内容平台也很多，但其运营模式和内容形式大同小异、千篇一律，同质化现象十分严重，这样容易让观众产生审美疲劳。在人物 IP 尤其是网红市场中，同质化竞争主要体现在内容层次方面，典型特点是同一类型的直播内容重复，而且内容替代性强。

打造 IP 内容，可以参照但切不可陷入同质化，因为用别人用过的内容再好也无法出彩。我们可以从生活、学习、工作中寻找发散思维，这样才能制作出有持续吸引力的内容。当然，随着 IP 市场的进一步成熟，会出现更多优质的原创内容，这也是市场发展的大趋势。有时候，你会发现，自己感觉很有用的内容，也选择了合适的首发平台，在内容的“大海”里却掀不起波澜。可能原因就是，类似的内容太多了，用户没有必要也没有兴趣再去关注相同的东西。所以，必须找到适合的内容营销风格与个性，只有独特的声音与视角，才能让内容从“大海”里冒出头，被用户清晰地记住以及无条件地点赞转发。

所以，树立价值内容为王的理念，不仅要让内容精良，更主要的是力求内容与众不同，打造高辨识度。高辨识度的内容是其内容必须具备差异化和个性化两大特点。

什么是差异化呢？用白话来解释就是你跟别人的区别，即使输出的理念和观点是相同的，但表现的方式也是有所不同的。举个最简单的例子，同样讲国学知识，有的人用解读国学经典的方式，有的人用讲小故事引出大道理的方式，有的人用漫画的方式，这就是一种差异化的内容打造。中国 IP 商学院的一位老师说过，人人都可以是一个 IP，但大部分人都长得太像了。李笑来老师也说过，要正确的差异化。也就是，这个定位既是差异化的，又是为受众所接受的才有市场的，最可执行的动作就是形成自己的风格。那么，这个风格从哪些方面入手呢？

第一，原创是根本。内容同质化现象严重，是因为人们都在互相模仿而不是原创。原创的东西才是新的东西，才是真正属于自己的东西。同样做美食，总做日常的菜就是一种跟风，如果你做的是专门为运动人士打造的健康营养餐就是创新；同样做亲子教育，你只是讲如何教育孩子没什么新意，如果把教育孩子做成小的情景剧就会让观众耳目一新，就像美食博主那么多，真正让人记住的、成为第一的就是李子柒，因为她的原创性有着无可超越的独特性。

第二，在一个领域里增加深度和宽度。现在人们感觉创业越来越难了，其实不是钱难挣了，而是专业的人太多了，如果不努力的话，那么只能挣些“边角料的钱”。所以，想让内容具备辨识度，离不开在专业上深耕。只有专注某个领域，才能让别人产生信任，如果内容杂乱，形不成统一性，就很难吸引别人持续关注。哪怕你就只卖一个小小的包子，你把包子做出花样才是真本事，而不是一会儿卖包子一会儿卖皮包，那样就会显得无厘头而让人难以接受。内容越垂直，账号的权重越高，意味着粉丝数量也会增加。当你的内容足够优质和专注、账号权重够高时，你的账号才算是真的运营起来了。做自媒体最重要的是长期的流量支持，垂直领域不仅能留住粉丝，还能留住平台的推荐和支持，当你一直专注写某个领域的内容时，平台会根据你的内容为你进行精准的推荐和投放，有时候就算没有粉丝也能赚钱。

第三，在表现形式上下功夫。一般内容可以分为图片、视频、音频、文字，随着人们对互联网认识的提升和各个平台的发展，差异化内容越来越丰富。当别的公众号都只是做图文的时候，“夜听”和“一条”提前进入了音频和视频领域，“同道大叔”坚持用漫画输出内容，“小林漫画”既有文字又有漫画，而且特别喜欢把热点事件用漫画的形式呈现，这都是内容在表现形式上的创新。另外，还要打造内容风格上的差异化。比如，同样都是对汽车进行测评，可以是干货型、知识型、点评型、采访型、情景剧型等，这都是不同的内容风格表现。

无论怎样，想要内容有辨识度离不开创新，当别人看了你的内容发现之前没有见过，这就是你的特色与干货。当然这一点还是要看你具体运营的领域，而最终的落脚点还是在优质的文章上面，虽然标题很重要，但“标题党”的下场往往是比较惨的，因此，还是需要把握那个度。

我们都知道，作为一个自媒体人，内容质量是取胜的关键，想要吸引人，一定要保证内容质量。很多新人做自媒体没有明确的定位，发作品完全看自己的心情，今天看到别人娱乐的文章火爆便跟着发，自己发了后却发现完全没人阅读，明天又发体育的，后天又发美食的，内容混乱，平台无法对你的作品进行定位，根本不知道你的内容是针对哪类用户，推荐率自然就降低了。所以，做自媒体一定要保持领域垂直，比如说你开始发布的是美食，就一直发布与美食相关的内容，这样账号权重才会提高，粉丝才会精准，平台也会给予更多的推荐。

大部分人刚开始做自媒体的时候，由于粉丝比较少，发布的作品质量低，于是想通过和别人“互粉”来增加粉丝，但是通过这种方式得来的粉丝并不精准，不仅阅读量不会增加，还会让人对平台产生不好的印象。实际上，自媒体平台是自带流量的，不管你有多少粉丝，只要你坚持发布优质内容，平台会自动把你的内容分发给相应的用户，只要你的内容足够吸引人，用户看了自然会关注你。

产品化输出

对外输出是把创业者 IP 价值转化为产品化内容的有效方式，也就是将输出内容产品化。输出内容的核心是创造内容，我对于自媒体时代的内容有一个自己的定义，那就是发自内心，创造与众不同的生命体验和自我表达。创造内容的基础是始终围绕自身“创业者 IP 定位”，聚焦品类。内容的形式和产品的形式都是围绕着人的体验和感官来展开的。

我们来分解一下常见的内容形式有哪些：

（1）阅读的内容形式，满足视觉。比如文章、书籍、软文、短书、金句语录、图片、手账、手绘、漫画、思维导图、电子书等。

（2）聆听的内容形式，满足听觉。比如音频节目、音乐等。过去几年非常火爆的内容创业，就是把内容和产品从视觉发展到听觉，丰富了一个新的体验渠道，由此就诞生了非常多的音频类平台，比如喜马拉雅、得到、混沌研习社、荔枝微课、千聊等。

（3）观看的内容形式，满足视觉、听觉、感觉等。这是现在最火的短视频和直播，包括视频号、抖音、快手、各类短视频、中视频、多功能 4D 影院等。你会发现每增加一个感觉的维度，对于内容的体验感就呈指数级增长，完全超越我们固有的体验。尤其是随着 5G 技术到来，内容形式会叠加更多重感官体验。过去是以单个感官的内容方式为主，阅读就是阅读，但是有了科技，有了互联网、万物互联，我们的感官体验是同时开启的。未来内容形式和产品体验真的不可想象，尤其是人工智能和虚拟场景的广泛应用。所以，在设计内容形式的时候，你要同时思考如何开启用户哪些维度的感官体验。

（4）“现场体验”的内容形式，满足视觉、听觉、嗅觉、触觉、感觉、现场群体联动等全方位体验，比如线下实体店、VR 体验馆、论坛、歌手演唱会、会所活动、大型论坛、现场培训、线下活动、沙龙、分享会等面对面交流的群体方式。

（5）“深度掌握”的内容形式，满足视觉、听觉、嗅觉、触觉、感觉、一对一等全方位体验，比如深度辅导、个案、私教、入室指导等近距离接触形式。举个例子：我的妹妹是一名亲子幼教专家，她现在从事的工作是家庭指导师，在一家专业婴幼儿早期教育服务机构任职。她们提供的服务就是进入不同家庭，观察、指导和帮助家庭里 0—12 岁孩子发展天赋、亲子互动和开发智力，这相当于“高级游戏启发式陪娃”。因为人与人之间面对面的交流和学习，让你吸收的不仅是内容，更重要的是体会一个人的语言、思维、应对以及她散发出来的状态，这些只能现场感受到的“气场”是一种无法言说的财富。这一点从孩子到成年人都是一样的。这也是为什么“在行”App 上的专家那么受欢迎、为什么很多人愿意购买一对一线下个案近距离接触大咖的原因。

结合上面的五种内容输出方式，我们就可以将不同的内容产品化。我采用的主要方式是直播、短视频、线上音频、线下课程、沙龙分享会、一对一个案等。

内容产品化的形式和品类本身都在不断创新中。随着5G技术应用，会出现更多的内容创新形式，比如现在视频号直播连线和在线个案形式就非常好。

总之，你创作的内容就在你的生活里，素材和灵感无处不在。重要的是围绕你的创业者IP定位，有针对性、方向性、持续性地表达自己，生产内容，创造内容，形成独特的产品，这才是你独一无二的原创和商业价值。同时，内容方式的创作又连接一个人的核心能力，而核心能力的建设包括硬技能和软技能两个方面。

故事见真情

大多数人从小到大都不爱听道理，却对故事没有抵抗力，因为道理一般比较抽象，容易对人形成说教，故事却显得真实，让人听着能够感同身受，并且讲故事无疑是最具画面感、也最容易被理解的一种内容表达方式。我们可以讲自己的故事、讲身边人的故事、讲听到的故事，最有辨识度的内容就是要讲好自己的IP故事，从而打动用户。每个女性“创业者IP打造”的背后其实都是在传递一个令人感动的生命故事。我们要从生命故事里提取养分，那里有你IP精神的种子、有你的激情、使命、愿景、梦想，也有你的悲伤、挫败、痛苦和回忆，所有的这一切都是可以为你所用的能量。这些都是宝贵的财富，丰富你来到这个世界的体验，凸显你来到这个世界的意义。正如歌曲《勋章》中的歌词："过往受过的伤，都是光荣的勋章。""过往受过的伤，都是我的成长。"每个人或多或少都已经积累了生命经历，这些经历都是我们的光荣勋章，都是我们的生命成长，像一颗颗散落的珍珠，"创业者 IP 打造"的梳理就像一条穿起珍珠的线，把生命的经历穿在一起，激活所有的能量，从而形成一个有价值的"创业者 IP"故事。

在抖音有一个以"乡愁"命名的个人 IP。讲述的是一个女性在农村创业的故事，她从小没有母亲，在父亲和奶奶的呵护下长大。以为找到了爱情，没承想却只是留下了一个孩子，失去了爱。几次创业失败以后，她选择回到乡下，照顾生病的奶奶和拉扯自己年幼的孩子，田间地头都有她劳动的影子。人们看到视频里一个坚强柔韧的女性形象，也看到了一个通过自己勤劳的双手改变命运的故事。因此，关注的人很多。

内容的打造离不开讲故事，因为故事能提升情感价值，让人更愿意买单。有人做过一个实验：美国有个网站，叫"意义深远的物件网"。如果在旧货店买进 1—2 美元的物品，放到一般网站上拍卖，通常价格都很低。在这个实验中，研究者以 128.74 美元买入一件饰品。作家再为这件饰品写感人的故事，赋予饰品意义，放到"意义深远的物件网上"拍卖后的价格可以达到 3612.51 美元。同样是这件饰品，这个故事带来了 27 倍的高收益。

你通常看到的软文故事是不是这样的？

（1）设定状况：品牌创始人原本生活安逸或者和大部分人一样。

（2）发现问题：突然有一天他遇见了一些意外，让自己获得了一个目标。

（3）设定课题：主人公为目标付出努力，但是发现还有具体的问题阻碍了他。

（4）克服障碍：尝试各种解决办法，这里主要描述经历。

（5）解决收尾：问题最终得到解决，推出了某品牌、某产品或某课程。

我们的个人IP定位也需要通过一个故事来呈现，因为故事可以达到如下效果：

（1）提高产品溢价（卖得更贵）；

（2）吸引读者一直阅读下去，或者听众有兴趣听下去；

（3）容易让人有认同感、信任感；

（4）故事可以锦上添花。

当然，故事一定要有情感，而不是流水账。如果只是流水账式地讲述你的生命经历，肯定没有人愿意听。尤其很多故事，经常“卖惨”把人讲哭，这不是目的。记住，女性创业者IP打造，是希望通过一个好故事来为生命赋能。我们是从生命故事里找内核、找定位、找力量、找使命，我们要让自己的故事值钱。所以，围绕女性“创业者IP打造”，我们要讲述的是商业故事、品牌故事、创始人故事，包括创立某个课程或者产品的故事。商业故事虽侧重对于事件过程的描述，有情节，但目的除了阐述理念、价值观，更多在于通过品牌故事最终带来商业价值。

构建商业故事有系统的框架，具体可以分成5个步骤，如图5-1

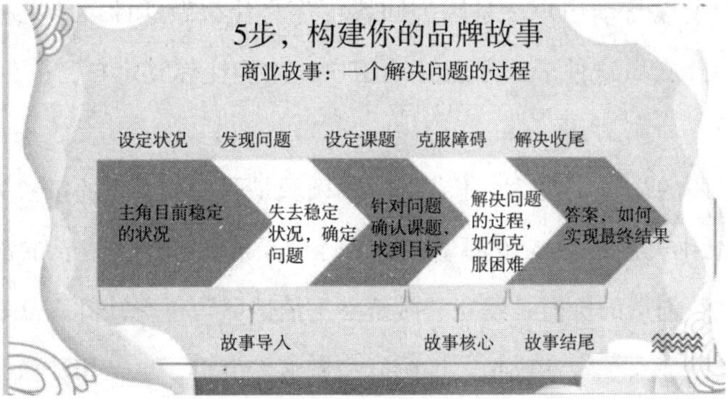

图5-1　商业故事系统框架

所示。

以电影《功夫熊猫》中阿宝的故事为例：

很久以前，有一个英雄过着平静的生活。突然有一天，它受到了召唤，极不情愿地踏上了征途去冒险。它历经艰险，遇到导师和朋友，最终打败了大魔王，带着宝藏归来。好莱坞的故事基本都是这个框架，也就是典型的“英雄之旅”的成长故事。

按照这样一个商业故事的框架，女性创业者们想想自己的生活经历也可以有这样的框架，需要提炼这些要点：

（1）人生转折点：失败的或者成功的。

（2）特殊的经历：特殊的技能、独特的观点。

愉悦提供方向，痛苦提供能量，恐惧决定边界。把你的生活经历按照以上 5 个步骤进行梳理，围绕之前已经讲过的内容，你圈定的领域是什么？你服务的对象是谁？你能提供的价值是什么？我们用一个故事的形式，把这些串联起来。这样，你的创业者 IP 就有了温度、有了使命、有了传播价值，就变得活生生的了。其实，你的故事之所以打动用户，是因为回答了你为什么做这件事。只有说清楚你为什么做这件事，才能打动用户，才能让你笃定自己的创业者 IP 定位。

我的学员“撒娇女王”圈定的领域是两性关系里的亲密关系。服务的用户是 25—45 岁渴望获得两性关系成长和个人成长的都市职场女性。创造的价值是建立“撒娇女王悄悄话”付费社群，分享两性话题，陪伴女性蜕变成长。她所以会做这件事情，也是和她独特的个人经历相关，她曾遭遇婚姻的变故，之后开始研究这个领域，在自己重获幸福之后，决定帮助更多女性获得幸福的两性亲密关系。

通过梳理你的个人经历和生命故事，你会清晰地发现你的使命是什么。可能是教育方面的、健康方面的、情感方面的、财富方面的、女性成长方面的、家庭方面的、环保方面的、科技方面的、互联网方面的、艺术方面的……这都是你创业者 IP 的基因密码、内核精神以及品牌灵魂。

感人的、美好的事物总是最容易传播的。正能量的故事一定得具备真实、客观且具有完整信息的特征，如此才能经得起验证。如今短视频的赛道变得更加拥挤，越来越多的人想参与短视频创作，在其中分一杯羹。现今不同于刚开始流量引导大众审美的模式，想要让自己的短视频被大家所喜爱，就必须创作出真正有质量的内容。

在梳理创业者 IP 故事中，以下这些引导性问题可以帮助大家明晰故事脉络：

（1）你是谁，你的哪些生活经历能让人感同身受、产生共鸣？

（2）你克服过哪些困难，是怎样克服的？

（3）在前进的道路上，你弄清了什么问题？

（4）你在哪些领域取得了成功，取得了什么成果？

（5）你能教会我哪些可以现学现用、改善生活的诀窍？

你的创业 IP 故事价值千万，这也是你最有辨识度和与众不同的内容。现在就拿出纸和笔，梳理上面的 5 个问题吧，记得与我分享你的新发现。

我对数字经济“她力量”的思考：

◆ 用户的需求点就是你的卖点。

◆ 如果让你为别人解决一个问题的话，你会帮别人解决什么问题。

◆ 自媒体时代的创造内容是发自内心，创造与众不同的生命体验和自我表达。

◆ 你的创业 IP 故事价值千万，这也是你最有辨识度和与众不同的内容。

◆ 要么出众，要么出局。

◆ 请在此刻，写下你的故事，并用视频来讲述。

第六章

我在哪里能被你看见

被看见是一种能力。

与内容形式匹配的社交传播平台

前文我们讲内容输出的价值和内容形式上需要打造差异性形成辨识度，接下来还要为内容匹配传播平台。比如，文字类的内容适合公众号，视频类的内容适合抖音、视频号和快手，长视频可以选择小红书，付费类知识的音频可以选择百家号、喜马拉雅和荔枝微课，直播类的内容目前比较适合视频号、抖音和快手等平台。

输出的内容要在适合的输出平台和营销渠道上。这里和大家重点分享的是基于自媒体个人品牌打造的线上互联网营销平台，而不是传统的线下营销渠道、代理商体系等。

自媒体个人品牌打造的互联网营销平台非常多，工具和 App 平台也非常丰富，并且每隔一段时间，就有不断创新的新平台、新工具和 App。但是，我们发现万变不离其宗，营销平台要匹配内容方式，内容方式的创作又结合一个人的核心能力，这里面包含了 IP 定位、天赋、优势和才能以及是哪方面的专家。核心能力的组成，包括硬技能和软技能，是知识、能力和天赋的综合体现。所以，选择的对外传播平台和渠道，既要符合外部趋势，也要符合自己喜爱和擅长的内容创作方式。

互联网营销经历了不同的发展阶段，从最初的搜索引擎、关键词排名到现在的自媒体个人品牌推广，在传播上越来越去中间化，可以直接触达用户、吸引粉丝，建立和用户同在的社群，打造私域流量。与用户的关系越来越直接、有黏性、互动化，并深度融合在一起。

打个比方，我们做出来的内容就像一条船，而我们发布内容的平台就像一条河。河跟河是不一样的：有的河宽，有的河窄，有的河流湍急，有的河流平缓。假如把一艘航空母舰放进一条小河里，航空母舰根本动不了；假如把一叶扁舟扔进波涛汹涌的大海里，它不仅翻不起来任何浪花，还会被毁掉。所以，深刻理解平台很重要，因为生存环境决定你创作的方向和方式，同时决定了你创作的内容。

明白了不同平台的优势与方向，就能根据自己的内容选择平台进行布局。但无论什么平台，内容一定要符合定位，有内涵，传递正能量才能赢得口碑，才能让账户持续增值。不要以为低俗怪异的小视频才能“火”，也许低俗和怪异能满足一部分人的猎奇心理，但这仅仅是很小的一部分，且无法走得更远。如果你想做成事情，除了跟上趋势，进入对的平台，还要努力积累专业能力，认真分析客户需求，提供满足客户需求的产品和服务。

前文提到任何内容都会围绕人的感官进行传播，所以在选择平台时可以把人的感官作为参考，如表6—1所示。

表6—1　围绕人的感官传播

<table>
<tr><th>感官</th><th>产品形式</th><th>输出渠道</th><th>变现方式</th></tr>
<tr><td rowspan="2">视觉</td><td>书籍/软文/短书/金句语录</td><td rowspan="2">今日头条/微博/简书/微信/知识星球/微信公众号</td><td rowspan="6">1.课程/产品出售收费
2.广告费
3.打赏费</td></tr>
<tr><td>图片/手账/手绘/漫画</td></tr>
<tr><td>听觉</td><td>听书/音频专栏</td><td>得到/荔枝微课/喜马拉雅/千聊</td></tr>
<tr><td>触觉</td><td>触摸疗愈/个案疗愈</td><td>一对一及一对多个案</td></tr>
<tr><td>综合</td><td>线下课程/游戏体验</td><td>线下课程/一对一咨询</td></tr>
<tr><td>立体</td><td>短视频/直播/影视</td><td>视频号/抖音/快手/西瓜</td></tr>
</table>

人的 5 种体验和感官形式，包括眼、耳、鼻、舌、身等。我们来看一下每种内容形式对应当下最匹配的营销平台或者渠道有哪些。

（1）阅读的内容形式，为的是满足视觉：如文章 / 书籍 / 软文 / 短书 / 金句语录 / 图片 / 手账 / 手绘 / 漫画 / 笔记 / 思维导图 / 电子书，我们常见的发布渠道有微信朋友圈、微信公众号、百家号、今日头条、微博、简书、知识星球、书籍出版等。每一种渠道都有它的特点和用户人群。微博以开放娱乐为主，今日头条以开放新闻类为主，简书以开放文章类为主，微信朋友圈就是我们私域流量最重要的集中地。“得到” App 和混沌研习社就不是开放类的，它们都是精心选择后的阅读 / 音频 / 视频平台，如表 6—2 所示。

表6—2　文字/图片内容平台

序号	输出渠道	特性
1	微博	开放/以娱乐为主
2	今日头条	开放/新闻类
3	简书	开放/文章类

续表

序号	输出渠道	特性
4	短书	开放/知识微店
5	微信	基础公众平台/朋友圈
6	知识星球	知识社群
7	微信公众号	自媒体

（2）听的内容形式，为的是满足听觉：比如音频节目、音乐等，我们常见的发布渠道有喜马拉雅、得到、混沌研习社、荔枝微课、千聊、小鹅通、一起学堂、微信公众号等。音乐平台有 QQ 音乐、网易云音乐等。如表 6—3 所示。

表6—3　音频内容平台

序号	输出频道	特性
1	喜马拉雅	音频/主播/专栏
2	千聊	音频/直播/个性化
3	荔枝微课	音频/直播/明星多
4	一起学堂	多群转播
5	小鹅通	机构生产内容分发平台
6	分答	提问回答方式
7	微信群	直接

（3）观看的内容形式，为的是满足视觉、听觉、感觉等，我们可以通过视频号、抖音、快手、微博、小红书等短视频和直播平台观看。比如我们的学员宣传片、课程 MV 宣传片都有发布到腾讯视频、爱奇艺、优酷等平台传播，如表 6—4 所示。

表6—4　短视频内容平台

序号	输出渠道	特性	备注
1	视频号	微信	私域
2	抖音	平台娱乐/知识点	公域
3	快手	记录美好生活/二三线城市生活	公域

（4）现场体验的内容形式，为的是满足视觉、听觉、嗅觉、触觉、感觉等全方位体验，比如举办现场培训、线下活动、沙龙、分享会等活动，再比如我们的“天赋定位和个人品牌打造”特训营就是三天两晚的线下深度体验课。互联网时代，线上是引流，线下依然是深度连接，如表6—5所示。

表6—5　六大感官体验案例

感官	方式	效果
视觉	个人介绍宣传片 特训营介绍宣传片（学员采访） 背景墙、易拉宝和语录展示板、鲜花	醒目传播
听觉	《我就是大师》特训营主题曲 现场音乐打造氛围、冥想引导	打开潜意识
嗅觉	主题精油、唤醒气息 鲜花香味、打开器官	营造清新的课程现场
味觉	味觉体验、能量小吃 精致茶饮、活力饮品	幸福感、体贴感
触觉	天赋定位3步9略书写 个人品牌9分钟演讲	参与感

续表

感官	方式	效果
情感	赞赏感恩 多样化互动练习 讲述生命故事	深度连接、真实、信任感

（5）深度掌握的内容形式，为的是满足视觉、听觉、嗅觉、触觉、感觉等全方位体验，比如深度辅导、个案、私教、入室指导等近距离接触形式。人与人之间的连接，不仅是知识和情感，还有切身感受的能量和力量，如表 6—6 所示。

表6—6　感觉 / 触觉类输出平台

序号	输出渠道	特性
1	在行	约见或一对一
2	通过易企秀/微信号/朋友圈邀约	一对多或一对一课程

以上的内容输出与平台匹配举例仅供大家参考，最主要的是对照自己，看看更喜欢和擅长的内容传播平台是哪个，同时结合前面梳理的圈定领域、服务对象以及个人的核心能力来综合选择。

在为内容选平台的时候要问问自己：

（1）结合我的内容形式，最匹配的传播平台或者 App 是什么？

（2）我想要重点发展，专注生产内容的传播平台是什么？

平台都是有周期的，选择入驻平台时，要考虑“三期”，也就是红利期、微利期、无利期。显然，当下最火的就是视频号直播和短视频，依托 12 亿日活跃用户的微信端口，账户粉丝增长显著，而且是直接打通公域和私域流量，不像别的平台纯粹是冷启动。

如果要做一个推荐，建议大家就将视频号作为主平台，将其他平台做内容分发平台即可，当然有自己合作平台和内容创作考虑的除外。

如何进行个人品牌展示和粉丝积累

无论是以图文的方式还是视频的方式，从事自媒体和个人品牌打造之人无数，但真正成为大 V 的红人屈指可数。对那些动不动浏览量 10 万 + 的来说，他们是如何做到十万、百万级别的呢？不外乎他们做的内容精良，观众愿意看并积极点赞和转发。还有一条就是在精良的内容背后离不开对个人 IP 账号的推广和宣传，从而凭借积累起来的粉丝流量，最后转化成收益。

互联网流量的变化曾经历了两大阶段。第一个阶段是 PC 时代，PC 时代获得信息的渠道主要靠搜索，那个时候我们点击进入门户网站，只要上面放了广告，就得被迫看它。那个时候是千人一面的分发，所有人必须看同样的内容。第二个阶段就是现在的移动互联网阶段，传播的方式变了，每个人都是传播的节点和个体，打开手机我们会看到各种 App。PC 时代通过点击链接跳转，所有的数据都能被有效记录，但在移动互联网时代 App 里却不像之前那样，每个 App 更像一座数据孤岛，相互不连通，只有一样东西可以连通这样的孤岛，那就是内容。我们看到那些爆红的主播也好、自媒体大 V 也好，他们拥有不同的平台，但不同的平台内容的影响力都差不多。最核心的一点就是渠道推广，世界上并不缺好的产品、好的内容，而是缺少优质的推广和宣传。酒香也怕巷子深，如果你不懂互联网宣传推广的方法和规则，即使有人看到你的信息，你也不可能拥有海量的粉丝。打造个人IP也需要宣传和推广，只有让别人知道你的IP，你创业成功的概率才会大大增加，与此同时，你可以收获更多资源变现的机会。那么，如何寻找到打造个人IP合适的推广渠道呢？

首先，根据资金预算确定推广渠道。推广的渠道一般分为付费推广和免费推广。付费的推广渠道很多，流量来得快，目标也较为精准，对于打造个人IP帮助非常大。免费的推广渠道同样有很多，如果开始创业没有多少资金，你可以采用免费的推广和宣传。比如视频号、抖音和快手等自媒体平台，你都可以去做免费的推广引流，付出少量的成本就可以实现利润最大化。音频的推广可以通过在喜马拉雅或荔枝微课等音频平台塑造自己的个人IP影响力。你所要做的一点就是，找到一个自己可以明确的方向，是做付费还是做免费，它们各有优劣，最重要的区别是付费烧钱快，但效果快；免费不用钱，但效果慢。一切取决于自己的资金预算，如果你是一个创业者，你要管控好现有的运营成本，打造好自己的个人IP。

首先，在抖音建立账号是需要“养号”的。以抖音建号为例：

（1）建立基础：进行“养号”10天左右，多浏览同类型的视频并点赞、关注、评论，同时要完善个人资料，多录几个小视频，便于在提升知名度后，让粉丝“顺藤摸瓜，有迹可循”。

（2）寻找爆点：寻找与自己内容相关的趣味“梗”。但要牢记，我们以引流为最终目的，如果一味地玩“梗”，那就和普通的娱乐号没有差别了。

（3）适当剪辑：刚开始运营的时候，视频不能过长，要保证完播率（用户把你视频完全看完的比率），完播率越高，系统推荐率就越高。

（4）重视留言：流量打开之后，留言咨询接踵而来，我们要重视每一条留言，抓住机会引流使其成为我们的客户。

现在的视频号，虽然不像抖音一样严格“养号”，但是做好视频号的直播和短视频，也至少需要 1—3 个月的精心运营和定位调整，才能确保账户活跃，数据上升。

其次，选对赛道，跟上趋势。人们常说“站在风口上猪都能飞”，这句话说明了趋势的重要性。往前推 10 年，微博是风口，如果在微博占领了一席之地就很容易把自己的账号经营成大 V；往前推 8 年，公众号就是风口，不少人通过打造公众号赚到了不少流量和收益；往前推 4 年，抖音、快手是风口，很多人靠抖音视频和直播实现了财富积累。

而现在的风口是微信视频号，自从视频号推出以后，很多人开始积极布局视频号，同样做出成绩的大有人在。所以，不管我们做什么，输出哪方面的内容，跟上平台趋势是首要前提，因为这是风口。站对风口，才能借势起风；选对赛道，才能聚焦定位、有的放矢。

最后，打造多平台 IP 影响力的战略思维。专注核心平台的同时，可以在多平台、多渠道分发传播自己的账号内容。这样，一方面可以在不同平台吸引不同的粉丝，另一方面也可以获得平台数据反馈，指导账户的运营和操作。

不是所有的视频都能有非常好的浏览量，但好的浏览量背后一定是优质的视频。做优质视频需要找方法，不断地调整和尝试，多去看别人的爆款视频，一定可以从中学到很多有价值的东西。百万播放量不是一朝一夕可以拿下的，都是沉淀了很久和积累很多粉丝才可以做到的，这些都需要一个长期坚持的过程。

善用自媒体营销优势，形成传播矩阵

什么是矩阵传播呢？说得通俗一点儿就是运用多个账号、多个渠道进行关联，形成一个更大的传播体系使内容可以持续传播。以视频为核心的矩阵布局，可以实现基于内容矩阵和跨平台协作矩阵。比如在视频号上建立多个账号或者是关联个人和企业账号，通过不同账号之间粉丝流量的相互关注、引流、连线等，从而扩大影响力。想要让个人 IP 具有广泛影响力，需要一定的矩阵布局方面的战略思维。矩阵布局在一个合适的推广渠道，有利于防范一定的封号风险或者过度依赖某一个单一账号，同时可以争取更多的受众群体。就我自己而言，我比较喜欢在视频号、小红书、微博和百家号上打造个人 IP，当然除了这些视频和直播推广渠道，像音频、文字等平台我也在进行一定的布局。

无论是企业还是个人自媒体，想要进行矩阵传播，一个号肯定无法满足需求，所以需要打造多个号，以此获得更多的粉丝。以小米品牌为例，小米在视频号和抖音平台上拥有多个账号，并且所有的子账号都有自己的人设和内容定位，每天输出的内容也不相同，小米的账号一类是企业认证的账号，如“小米手机”；另一类是员工账号，如“小米员工的日常”，两类账号相互关注、不断互动，官方号结合员工号，形成了一个完整的内容矩阵。在矩阵运营方面，一定要做到品牌一致，小米虽然有不同的账号，但都是为了宣传自己的小米品牌而设立。

在不同的账号发布内容，要注意几点：

（1）命名：昵称 + 关键词（产品或品牌）。

（2）品牌 / 产品词标签：内容发布增加话题标签。

（3）主背景调性一致：出现品牌 LOGO，品牌色调一致。

那么，在矩阵运营时有哪些操作呢？

首先，主号与子号互动，发布信息相互 @、互赞、互评。在签名档里可以提示粉丝，自己的小号在自己关注的账号列表里，这样粉丝就会去“TA 关注的”里面找到小号关注。

其次，错峰发布，内容发布时间可以不同，高频出现。

再次，朋友圈互相转发，优质内容账号互转，大号和小号在评论区里进行互动。

最后，同一企业主体或者品牌，针对不同人群兴趣圈层，有选择性地拍摄垂直类内容用以吸粉，提高主体的内容溢价能力，减少运营成本，形成内容规模效应。比如，同一企业针对喜欢搞笑、旅行、种草的人群，分别设立不同的账号，扩大不同维度的人群圈层。

短视频运营的实质是社交。对社交来说，与粉丝形成互动是重中之重。因此，不论多少个账号，让小号与大号之间产生频繁互动，或者通过大号去带动小号，通过互相点赞、转发积累来实现圈粉的目的。

针对有涨粉瓶颈的大号或者想利用大号品牌导流的小号，可以通过不同类型的内容放大想传递给用户的核心概念。例如某品牌，除了母账号"某某的生活"以外，还有其他子账号"某某的日常""某某的小园地"，通过助理视角、日常生活视角来增强品牌影响力。

在打造短视频运营矩阵传播方面，有几点注意事项：

（1）如果要打造多个账号，尽量避免在一个IP下，尽量用数据流量，不要拼命跟在别人后面点赞、转发和评论，因为这样会导致系统误以为你是营销号而不愿意推荐，另外还会导致平台给账号降权。视频号是一机一号，单独操作即可。

（2）现在各个平台都打通了接口，以抖音和淘宝为例，只要在淘宝上有店就可以在抖音上直接卖货，通过抖音推出橱窗功能。如果自己有粉丝，要尽量去找到可以打通的接口，实现电商变现。视频号有直接的小商店，操作起来非常方便。

（3）企业可以打造视频号和抖音矩阵，个人也可以。如果是专注在短视频直播这个赛道创业，那就尽量去布局，不要有太多的犹豫和顾虑，时间久了往往会失去很多机会。电商已经从传统电商发展到内容电商又到兴趣电商再到直播电商了。

同时，直播行业也越来越规范和严格，使得这个领域得以健康发展。

（4）做矩阵账号要统一定位，不要跨度太多，更不能东一下西一下，这样不但形不成一致的内容，还容易分散精力，不容易产生成果，要做“一厘米的宽度、一公里的深度”。

（5）建立内容输出矩阵，不断重复、强调、曝光，刺激别人记住你，前期你可能只是单一地在微信视频号、微信朋友圈、微信公众号、微博上做，后期你要系统地建立自己的传播矩阵，并且监控效果，调整投入度。

打造个人IP要重视微信私域生态系统

微信是现在几乎人人必备的 App，如果要卸掉所有的 App，那么微信或许是最后一个被卸载的。微信已经不仅仅是聊天和支付的方式，还可以打造个人 IP 创业者的营销生态系统。微信目前由订阅号、服务号、朋友圈、社群、小程序、小商店、第三方平台等组成。订阅号可以起到引流拉新和客户留存的作用，但缺点是信息不及时；服务号相当于一个好友，可扩展性强，可以算得上是微信生态内的主流营销体；朋友圈个人 IP 极强，营销方式更有力度，能被更多人直观看到；社群的转化率极高，积累了粉丝以后获得收益多数离不开社群运营和维护，加上第三方微信平台的支持，就会产生分销、裂变、传播等，如图 6—1 所示。

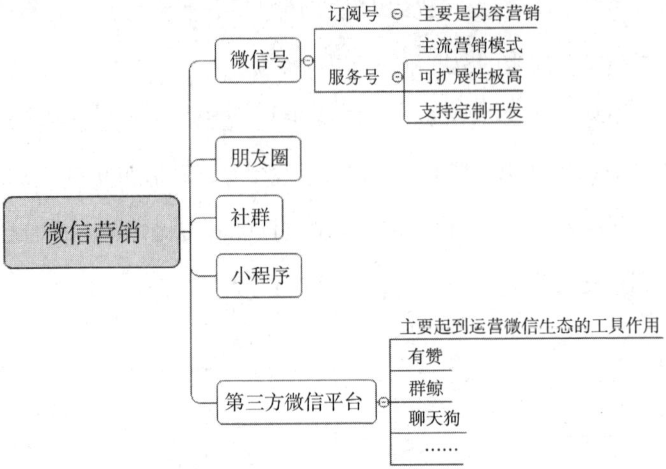

图6—1　微信生态的用户增长矩阵

为什么说打造个人 IP 要重视微信生态系统呢？因为微信是目前碎片化时代最好的信息触达方式。以前，人们想要触达用户通常是通过电话、短信、邮件、订阅号等方式，现在这些方式触达率已经越来越低，据调查显示邮件触达率为 0.2%，短信阅读触达率是 0.03%，服务号触达率在 10% 以下，订阅号触达率是 2%—3%。但微信的个人号，尤其是朋友圈的打开率依然保持在较高的水平，目前应该在 70% 以上，微信群里的消息阅读率也达到了 40%，所以微信在触达率上占据着绝对的优势。

不是所有创业者都需要打造个人微信号，但如果你需要在微信生态里做产品或服务，那么，个人微信号是目前最有价值的客户数据库平台。

微信群有变现的三个场景：一是朋友圈私域变现，强社交和信任；二是微信群可以成为变现场景、社区拼团和电商主导以及专属直播群的营销；三是一对一私聊可以产生更加精准的变现场景，如知识课程、知识付费主导的营销。

微信已经成为国内最大的社交媒体，也是我们运营私域流量的最佳平台。其中，我们在微信上添加的好友都可以称为私域流量。

微信作为一个社交媒体，有微信号、公众号、微信群、视频号等渠道，我们可以用这些渠道来打造私域流量矩阵，将自己的产品、服务或者品牌理念非常快捷地传达给用户，实现引流和变现。尤其随着微信公众号的不断迭代，已经从之前的“赞赏”变成如今的“喜欢作者”、直接给作者打款，而且视频号和公众号都已经打通，二者粉丝可以互相转化。对于过去在公众号时代有积累的博主来说，运营视频号和直播就具有更多优势。可见，微信在孵化个人 IP、为内容原创者带来机会和可能性方面有绝对的支撑，尤其是微信小鹅通的不断改进，为创业者提供了很多技术和平台上的优势。一般情况下，不同的内容需要不同的付费形式来承载，这样我们不得不使用多个平台。比如音频需要在喜马拉雅，直播需要在一直播，这样的结果就是会分散用户，不利于用户的沉淀与建立黏性，尤其是个人自媒体，这样的缺点很容易流失原本就不太容易积累的用户。小鹅通致力于做专注自媒体知识付费与社群运营的免费工具，把公众号打造成一个具备多元收费体系的聚合型平台，其核心是粉丝社群化管理，一站式解决内容变现、付费转化、用户分析、社群运营四大痛点。最重要的还有微信推出的视频号把微信从过去的私域流量转化成公域流量平台，视频号正在对微信生态产生不可思议的意义和价值。

微信平台除了完善视频号基础产品外，针对视频号功能更新的另一个重点就是生态打通。从 2020 年初内测开始，我一路见证着微信视频号平台的迭代更新。微信视频号从最初分享到朋友圈的形式到将图文链接调整为视频卡片形式，意味着视频号与朋友圈正式互通：微信搜一搜开始灰度测试搜索结果里可搜索到视频号，再到后来公众号文章被允许插入视频号内容，甚至一篇文章可以插入 10 条视频号动态，从公众号文章打开视频号的流程相对顺畅，可直接跳转到视频号的播放页，点击创作者头像便能在其个人主页里直接关注。因此，在公域流量平台上树立稳定的形象，保持一致性和唯一性是构建高价值个人 IP 的核心。打造完整的微信生态要构建“三号一体”，即保持视频号、公众号和个人微信号的一致性。在微信生态中，视频号属于公域流量，发挥引流、涨粉和流量导入的功能；公众号可以发表精品内容和深度好文，发挥留存粉丝的功能；个人微信号属于私域流量，是公转私的承接阵地，可以增强信任，直接触达用户，实现转化和成交。微信还有聊天框的话题功能，用户在对话时使用「#+ 关键词」发送消息，即可形成一个话题超链接。点击进入后，会看到视频号、公众号等微信生态里的内容。微信为什么如此重视视频号与自身生态的打通？对此，微信视频号团队讲师表示，视频号承担着很多微信生态的连接，视频号出来后，微信的生态闭环其实是在逐渐形成的。视频号能带来串联效应，未来它能够将公众号、朋友圈、小商店、小程序等双向交互串联，再一次盘活微信生态内的自有资产和流量。

正是微信的这些生态系统为创业者提供了助力。首先是拥有超强活跃度的用户流量，其次随着微信生态系统功能的不断完善，如生活缴费、移动支付、信用卡还款等，这份流量还会带来更多的电商红利。然后是入口，公众号、小程序、搜一搜，从发现购物到朋友圈广告、搜一搜导航栏、搜索栏、公众号文章底部导航栏、附近小程序推荐……可以说，能为创业者提供的条件，微信都做到了。等待创业者的不过是该怎么玩、怎么把微信流量红利沉淀到自有的载体（比如自有 App 等）上去。

未来3年，视频号是个人IP主战场

视频号给每个普通人提供了打造个人 IP 的机会，毫不夸张地讲，未来 3 年，视频号将会成为个人 IP 主战场。大家应该还记得微信之父张小龙发过一条朋友圈：2 亿，是个开始，Mark 一下，因为再不 Mark，很快就 3 亿、4 亿了。数字容易，努力不易，需要很多很多思考、很多时间、很多人、很多次迭代，还有很多很多行代码……我说的是微信视频号。这条朋友圈代表了创业者 IP 打造的一个新阵地——视频号的诞生。

很多人都认为短视频的红利期已经进入尾声，抖音、快手涨粉越来越难，流量越来越贵，一个普通人想要在抖音、快手中占有一席之地的难度已经相当之大，根本无法从已经拥有百万、千万粉丝的头部达人手中争抢流量。视频号的出现，则是让每个人有了重新站在同一起跑线上的机会，让大家再一次迎来一个巨大的短视频流量红利期。而在此时此刻，相比于微信12亿的日活量用户，4亿用户也是预红利期的开始。况且，视频号自带流量，可以盘活原来的私域流量用户。

发现页、订阅号、朋友圈、聊天页面等微信各处的流量皆向视频号涌去；增设独立入口、主播PK、打赏分级、文件演示，视频号直播正被不断加码。背靠12亿微信用户，却拥有着尚未完全开发的巨大私域流量，视频号将是未来10年直播电商的新阵地。

视频号基于微信的社交推荐机制，让每个普通人的视频都可以在朋友点赞的情况下推荐给朋友的微信好友，从而逐渐扩大圈子。在此基础上，人们只需要再努力通过一些社群进行推广和传播，从而进一步扩散。如果内容足够优质或有特点，别人就会关注，你就能相对轻松地完成从0到1的冷启动。迈出视频号的第一步，其实没那么难，加以持续用心地经营，随着粉丝量继续扩大，个人IP也就逐渐形成了。

为什么说未来主战场是视频号呢？我们看一看视频号的优势表现在哪里？

第一，从流量上看，视频号获得的流量更加精准。在2021年微信公开课Pro直播演讲中，微信创始人张小龙披露微信最新数据：每天有 10.9亿人打开微信，3.3亿人进行视频通话，7.8亿人进入朋友圈，1.2亿人发朋友圈，朋友圈每天有1亿条视频内容，每天有3.6亿人进入公众号，4 亿用户使用小程序。微信月活跃用户突破 12 亿（合并 WeChat），成为中国互联网历史上第一款月活用户突破 10 亿的产品。微信里的用户有大部分人不一定看抖音和快手，而抖音和快手里的用户基本都有微信，也就等于都有视频号。所以，其他平台获得的流量是公域流量，视频号获得的流量却是私域流量。因为不管在哪个平台建立的社交关系，不加微信，流量就还是平台的，心里就不踏实。目前，还没有哪个平台的粉丝比视频号更精准。视频号不是一款独立的 App，是嵌在微信里的，背后都是微信的精准流量。其他平台的兴趣认证要 100 万粉丝，微信的兴趣认证只要 1 万粉丝，为什么视频号的粉丝这么值钱？因为精准。

第二，内容呈现的优势。视频号的内容要比抖音和快手视频来得缓慢又克制。它采用横屏、半屏模式的呈现方式，以社交为主。视频号的内容与其他辅助功能性信息独立于视频界面下方，支持 9 张图片、1 分钟以内的短视频“动态”和 1—30 分钟的长视频，对于知识类、沉淀型内容输出更加友好。用户在浏览过程中，滑到页面焦点则自动播放视频内容，视频中的浮评功能可以直接流动显示评论内容，与此同时，下一条视频信息的创作者、内容简介等相关信息界面也可以同时“一眼瞄到”。

第三，定位和算法上的优势。相比其他平台的视频内容而言，视频号更像一个充满知识的图书馆，用户调性不一样，内容更具教育性和科普性，偏向知识和资讯类内容，视频号内容多为商业、教育、营销、新媒体等。视频号以社交推荐为主，发挥的是熟人社交圈人际网络传播效应。创作者发布的视频和图文内容，微信通讯录好友能够优先看到，朋友参与点赞、评论的内容又会通过社交关系链被推荐至其他好友，从而使得作品不断扩散，覆盖面更广。相比较而言，视频号推荐机制对普通人较为友好，每个人都有机会通过微信好友渠道实现破圈，接触更多微信受众。

第四，商业变现的优势。视频号是微信的内嵌产品，不需要额外安装其他移动客户端，直接在微信内部“发现”页面即可进入。视频号中的内容可以插入公众号，分享至朋友圈，发起直播并关联微信小商店进行带货，既可以在微信社群、私聊等场景内开展粉丝运营，又能与产品矩阵中的小程序、小游戏、微信支付等实现更多跳转，打造自身的生态闭环，实现导流变现。

第五，创作成本的优势。相比其他平台的视频内容，视频号的创作成本相对要低得多，因为视频号从手机就可以开始创作，很适合普通人，只要有内容、有创作能力，就有可能获得流量。所以，对于有微信运营经验的人，特别是有公众号粉丝的人，视频号可以说是一次流量重构。

第六，微信生态土壤肥沃，有微信私人号、企业微信、朋友圈、公众号、小程序、微信支付、直播、微信小商店，短视频就是最后一块拼图，视频号正是完成这块拼图的核心。

随着 5G 时代的到来，打造个人 IP 将是互联网创业者的群体共识。个体崛起的时代，人人都是自媒体，人人都可以有自己的品牌。

未来 3 年赶上视频号的风口，积极定位自己的天赋和优势，做出符合自己风格的视频，你也能在视频号上留下你的故事和精彩。

我对数字经济“她力量”的思考：

◆ 弱连接，强社交。

◆ 个人微信号是目前最有价值的客户数据库平台。

◆ 微信已经成为国内最大的社交媒体，也是运营私域流量的最佳平台。

◆ 人人都是自媒体，人人都可以有自己的品牌。

◆ 对 1000 个用户极致的好，胜过对 10000 个用户蜻蜓点水。

◆ 此刻，请重新梳理一下你的微信通讯录，界定取舍。

第七章 我如何更高效拿到结果

只有我们非常清楚地知道自己要什么，我们才可能得到它。

别让自己的热爱和才华被搁浅

每个人都有自己热爱和擅长的东西，天赋才华更是因人而异，所以才有“高手在民间”的说法。我们在网上可以看到农民工跳霹雳舞、农民夫妇跳鬼步舞，看到花样骑车的少年，看到并听到把碗敲成美好音乐的打碗歌……虽然他们才艺不同，天赋不同，领域不同，但最终都实现了个人IP的打造。

所以，只要你有一技之长，那就去发挥自己所长，趁着这个“人人皆可成为自媒体”的时代，给自己的天赋才华找到属于自己的展示舞台。你不用很厉害再开始，你只要开始去做就已经很厉害。

每个领域都有优秀的人，大到企业家，小到我们身边的朋友，而且不同的领域都有做出成果的人，他们靠的是比普通人更高的智商吗？不是，他们之所以能获得成功，是因为和自身具备的能力与行动力密切相关。凡是做出成果的人，他们不一定家底殷实，不一定聪明绝顶，但是为什么他们能成功？仔细观察后你会发现他们共同的特征是发自内心的热爱！当别人还在空想的时候，他们早已开始行动了。因为对热爱的人来说，过程本身就是享受，付出本身就是奖励。

很多时候做一件事不是我们做不到，更多的是因为我们还没有找到心底的热爱，还没有想好到底要不要做。

如果没有热爱这个基础，那就不要去做，勉强做了，也不会有持续行动力，后续遇到难题也更容易放弃，做不成的概率就非常高。能够让你出彩的一定是源自内心的热爱和自驱力。就像2022年北京冬奥会冠军谷爱凌，发自内心地热爱滑雪，加上多年的刻苦练习，天赋才华和后天努力完美结合。

我个人非常喜欢和欣赏的18岁中国单板滑雪运动员苏翊鸣和近66年来唯一一个蝉联男单花滑冠军的选手羽生结弦，都是如此。

在我的众多学员中，没听课之前他们总会心存顾虑觉得自己肯定做不来。比如我们团队中有个农民工，他在工地干活，却是一个非常热爱学习的有志青年。他的视频号内容非常具有正能量，我们都很喜欢，只要持续输出就能很容易传播起来，而且他早期的视频，都已经获得了有关部门的推荐。他也是通过多次参与课程，才渐渐打开思维，积极去行动的。创业路上，自律的行动者是核心，成不成是一回事，做不做是另外一回事。我们都知道“小步快跑，快速迭代”的原则，没有100%有效的方法，只有适合自己的方法，你不去尝试永远不知道行不行。

在过去很多年，心理学家对在运动、棋类、音乐、医药、科学、航空和军事等领域取得世界级成就的人进行研究，发现了这些人的秘密，这对我们每个人也有很大的启发。通常来讲，一个人取得成果有两种途径：一种是学习钻研某个领域很久，深入了解很多，对这个领域的很多知识都非常清楚；另一种是获得了某个领域的认知以后通过积极行动去实践，最终转化为成果和经验。究竟是能力更加重要，还是行动力更加重要？在日常生活当中，我们会看到，一个孩子非常聪明，学习力很强，但他就是自控能力、自律能力不够，行动力不够。那么，这个孩子的学习成绩会怎么样呢？是很好还是一般呢？只要他的智商不是超群的话，通常他的学习成绩只会一般，不是因为他不聪明，而是因为他的行动力大大落后于其他人。

女性创业也是如此，要想通过互联网创业，进行个人 IP 打造，必须有很强的执行力。因为无论你看了多少爆红的段子与视频，听了多少场直播，学了多少别人的创业经验，只要自己不去尝试和行动，就还是处于“0”的状态。从 0 到 1 打造个人 IP，最核心的问题就是执行力，三流的点子加一流的执行力，永远比一流的点子加三流的执行力更好。

想靠文字来打造自己的内容，那就得去写，还要让别人看到。最开始能影响一两个人，然后慢慢影响三五个人，再后来因为内容好就可以影响更多的人。想靠视频来打造自己的内容，就得去拍视频、学剪辑、写文案，只有这样才能真正迈出第一步。每天坚持写一篇文章或拍一个小视频，熟能生巧。也许一开始写的文章和视频投稿并不会被平台推荐，但是不要紧，边输出边调整，坚持下去，要知道经验是在不断实践中积累下来的。

互联网创业，每个人都被赋予了两个身份：一个是线下的真实身份，企业的职位、公司的抬头或者身份证上的名字；另一个就是线上的身份，这个身份也是真实的，只不过这个身份是由自己创造的。进行个人 IP 打造，要先给自己起一个“网名”，这就是个人品牌，是别人认知中你的名字，而且只要是相关领域的分享全部都要统一使用这个名字。比如我的全网个人品牌名都是“太阳姐姐吴思潼”，简称

“太阳姐姐”。当用户粉丝直接搜索你的名字时，你的各个平台如视频号、公众号、微博、抖音、百家号等都可以直接排在最前面，同样的名字、同样的头像，一目了然地展示出来，把你的内容整理成文章、书籍、视频、音频等各种传播媒介进行营销和推广。比如，你写的文章发到网络上，就是在提供免费的有价值的资讯，而你的直播提供给用户的是真正有价值的内容，那么你就能吸引很多有精准意向的用户主动联系你。

反惰性，　任何时候开始都不晚

创业者 IP 打造，本质上是在帮助每一个人在不同阶段、不同环境下自我反思、自我梳理、自我定位。个人 IP 打造的过程，是真正挖掘自己潜力和释放核心价值的过程。我的定位是为 25—55 岁的女性找到天赋定位，为她们打造个人品牌服务，本质上是倡导女性终身成长。在我看来，女人不论在哪个年龄段都需要找到自己的天赋定位，通过学习和提升来输出个人品牌。当了妈妈不是我们的借口，没有时间也不是我们的借口，那些在不同领域做出成绩的人，他们往往具备普通人所不具备的能力，那就是“反惰性”。很多时候我们不是不会，不是不能，而是给自己设限了，是自己甘心就这样了。

美国百岁高龄的摩西奶奶说过，做自己喜欢的事，永远没有太晚的开始。摩西奶奶生于农村，她从来没有进过美术学校，76 岁的时候才开始拿起画笔，在 80 岁的时候轰动全国，走向世界，成为家喻户晓的画家奶奶。

我们这代人，标配的是百岁人生。在《百岁人生》这本书里，来自英国伦敦商学院的经济学家琳达·格拉顿和心理学家安德鲁·斯科特谈道：在长寿时代，我们要从过去的三个阶段人生演进到多阶段的人生，长寿的恩赐让我们有更多时间去创造生命的意义，这种多样性是百年人生的本质。一旦你拥有多阶段的人生后，你就会出现很多种选择。

在百岁人生里，我们会在探险阶段成为一名探险家、寻找新的经历，我们会调查周围的世界、发现其中的乐趣、了解它是如何运作的，也会了解自己喜欢什么、擅长什么。在探险阶段，我们搬到新的城市，见一见其他人，或者到新的国家去，探索当地人的生活方式。我们会问自己：对我来说真正重要的是什么？我关心什么？我是谁？我们真切地体验着别人的生活，体验着别人的痛苦与愤怒、兴奋与欢乐，我们学会设身处地站在对方的角度思考问题。同时，我们会内省以创造机会，改变自己看待这个世界的方式，然后分享我们的故事。

除了探险家，我们还有机会成为独立的生产者，学习专业知识和进行生产。我们在人群里寻找机会，获得更广的人脉。当我们被视为新思想的创造者时，我们的声誉就会大增，从而获得经济利益。这也是互联网的魅力，我们可以从现在开始，一直分享到百岁。

没有什么事情是来不及的，关键是迈出第一步。人生没有太晚的开始，只要迈出第一步就不晚。所有你想做而没有做过的事和身份、年纪无关，真正的原因在于你不够喜欢，至少没有喜欢到让你不顾一切地勇敢走向它，那些所谓的理由都只是为了安慰自己而找的借口。我相信，只要足够想去做一件事情，就没有任何东西能够束缚你。请记住，什么时候开始都不算晚，你要做的就是从此时此刻开始，因为最好的开始就是现在。

2015 年，我也很想去做一些事，想环球旅行、想潜水、想跳伞、想去体验不同的生活。但那时我也总是对自己说，等我财富积累得再多一点儿，等我哪天和另一半一起去，再等几年。曾经近距离接触死亡，让我下定了决心，我不想再等待了，我现在就想去。于是，从 2016 年开始，我给了自己 3 年时间，去了很多国家和地区，那是一次次探险和穿越之旅，身心都实现了突破和超越。至今，我仍然觉得，那是我人生之中最喜悦的时光，真正感受到活着真好。这段经历，一直是我内心的动力，将带领我穿越生命中所有的挑战。也是在这段经历之后，才有了后来的“天赋定位”课程体系。

有一个学员，开始来上课的时候对天赋定位不是很清楚，但她平时特别喜欢读书，而且读的书多与佛经和宗教有关。在她系统学习完个人 IP 打造以后就积极去做知识付费的内容，她把自己平时读佛经的体会和心得都讲出来，同时她还是一个特别喜欢旅游的人，后来把自己的旅行方向和宗教相结合，每到一处她都会通过自己学习的宗教知识来诠释同样有宗教文化的旅游知识。她还组织线下活动和社群一起自助游，慢慢就有了口碑，很多瑜伽冥想以及音乐心理疗愈的沙龙与她联系，请她去讲课。为了输出优质内容，她不断倒逼自己成长，越做越好。

最初得到 App 的罗振宇做公众号“罗辑思维”，坚持每天早上发 60 秒的语音，已经坚持了近 10 年。

越是简单重复的事情，越有力量。有一位 50 多岁的阿姨因为想体验自由的快乐，于是选择了自驾游，走到哪里、拍到哪里、直播到哪里。她既享受了生活又赚到了自己的生活费；有的人 40 岁辞掉安稳的教师工作选择了自己喜欢的摄影，拿着相机走遍祖国的大好河山，并且把自己的摄影技术变成了知识在自媒体平台传播；还有两位退休老人，夫妻俩卖掉了房子环球旅游，成为旅游界的老年网红。这些人为了自己的爱好勇敢迈出了第一步，开始了真正属于他们的自由生活。

因此，真正的改变靠的是行动、不懒惰，围绕自己制定的目标、圈定的领域去积极践行，任何时候开始都不晚。

行动的前提——先有正向价值观

提到执行力，人们往往想到的是“快”。这个时代是一个快节奏的时代，但再快的行动都要建立在正向价值观的基础上。我们打造 IP 的内容离不开“新奇”，更离不开“守正”，即守护正向价值观。不论笑点也好、泪点也好、震惊也好，都要守正。一些符合人性的热点，未必符合主流价值观，很多大咖就因为价值观问题而被平台封杀的，一定要引以为戒。比如，有的 IP 为了达到“出名”成为网红的目的，不惜追求“以丑为美”，有的说话粗俗不堪，有的直播内容粗俗不堪。再比如，一些吃播，还有某短视频平台上的“大胃王”，在视频中我们看到他或她能吃掉十几大碗面，还能吃好几屉包子，让很多人佩服得五体投地。事实上，他们根本就不是什么真正的“大胃王”。他或她只吃一两口，之后就将剩下的饭全部倒掉了，然后通过剪辑呈现给大家“大胃王”的形象，其实这是一种赤裸裸地浪费粮食的行为，是有违社会道德的，然而就是这样的内容却有着很高的播放量，刺激了一大批“假大胃王”的诞生。网红行业除了正能量的群体外，还会滋生一批违背价值观的非主流群体。

因此，打造个人品牌，要传递主流价值观，做一个为社会带来正能量的人。比如，我们可以借助互联网，多参与一些社会慈善和公益活动，打造出助人为乐、传递正能量的 IP 形象。我们在创作内容时要坚守道德底线并多弘扬社会道德，引导正面舆论，帮助广大网民树立正确的世界观、人生观和价值观。

因为价值观是人物品牌最核心的要素，虽然看不见，却非常重要！拥有最核心的价值观，能够让你的人物品牌长盛不衰。因为从你准备打造个人 IP 开始，你就要把自己当成一个作品来看待，你是个作品，要打上标签、贴上商标，一切都需要精心地策划。相关数据证明，在自媒体中那些阅读量和观看人数 10 万 + 以上的内容，要么令人感到新奇，要么令人感到有趣和开心，要么带给人感动和温暖，这些内容符合主流价值观，宣传的也都是正面情绪，所以当你的 IP 有了定位，想要积极去执行的时候，不要忘记正向的价值观才是基础。在社交媒体方面，那些正能量的故事和标题往往有更强的传播渗透力。

信息时代，IP 的力量大于品牌。品牌是人人都认可的一种产品或服务，但 IP 里面包括的既有产品，又有连接，同时还有情感的需要。IP 通过内容这个核心把大家连接在一起，多数喜欢同一个 IP 的人往往兴趣相同，基于兴趣爱好建立身份的认同，身份认同形成统一价值观，价值观凝结成一种圈层文化，圈层文化让品牌成为用户自己的心灵家园。那么，这样的 IP 就会升华成一种信仰，用户就会坚定不移地追寻。价值观即归属感，以信仰建立强联系。产品只是基础，内容只是赋能，唯思想才是灵魂，才能构建有信仰的社群体系。以产品输入内容，以内容承载思想，以思想凝聚文化，以文化升华信仰，这样打造出来的 IP 才会拥有持续的影响力。

IP 折射的是世界观、人生观、价值观，具有哲学层面的含义，唯有价值观才能把分散在五湖四海的用户聚合在 IP 周围，才能建立独有的社群文化氛围，引领大家共同前进。IP 虽为商业而生，它承载的价值观却经得起普世价值考验。IP 必须传递向善的价值观，追求知行合一之真，彰显信仰之美，只有这样的普世价值观才能经得起时间的检验。这样即使产品淘汰，品牌过时，IP 却可永生。比如，在我们的女性创业者群体中，我们极力传递的 IP 精神就是早起、读书、健身、励志的创业女性精神，而创业女性精神是跨文化和跨国界的。在数字经济的国际背景下，不同国家的创业女性可以实现相互融通和合作。

找到对标人物，是脱颖而出的捷径

有句话说：优秀的同行不是你的对手，反而是你最好的老师，是你的榜样，找到他们、了解他们、分析他们，甚至可以模仿、复制他们，这样可以大大缩短你的探索进程，是进入一个行业最快的方法。

这句话说的就是对标的意义。你如果想打造某个领域的个人 IP，不妨去这个领域寻找同行，看看他们是怎么做的，是如何取得成功的，你要学习他们的长处、改进自身的短处，结合自身优势，找到你的差异性。

绝大部分想打造个人品牌的人都花了很多时间想象自己要成功，但是很少花时间去研究同行，研究同行成功者为了成功付出了什么。所以，我们要有谦虚的学习态度和空杯心态，这也是行动力的基础，行动不是盲目去做，而是一边学习一边去做。

同行是我们的引路人和先行者，他们已经花了时间和精力去试探市场，尤其是那些已经成功的同行，说明他们的模式和方法值得学习，即使是失败的同行，我们也可以有所借鉴以免自己犯同样的错误。

关注同行的第一步就是知道去哪里关注，我们要知道自己的同行在哪里。打造 IP 做流量的方式无非三种：文字、音频、短视频 + 直播。按照这三种方式划分为三种平台：文字类平台，比如微信公众号、百家号、今日头条、知识星球、网易、趣头条、简书、一点资讯、知乎、百度贴吧、兴趣部落、豆瓣网、天涯社区、百度文库、豆丁网、起点中文网、360 图书文库等；音频类平台，比如喜马拉雅、千聊、荔枝微课等；视频类平台，比如视频号、抖音、快手、小红书、美拍、秒拍、趣头条、西瓜视频、bilibili（B 站）等。当知道了这些平台所对应的流量方式以后，就等于知道了同行做流量的方式。

第二步是通过搜索关键词找到更符合自己内容的同行，比如做女性创业的，那么就应去检索“女性创业”关键词，看看有哪些同行，如果再进一步细化关键词就可以找“女性个人 IP”或“女性品牌打造”等。这样就能搜索到自己想要的方向，从找到的同行账号里去找那些流量高的文章或视频，学习同行的内容，看他们如何引流，然后去关注这样的同行，看他们的内容输出与更新的频率以及同用户的互动方式和变现方式，看同行是如何进行推广和宣传的，同行的广告和运作看多了，你才知道如何优化自己的广告。

很多人想开辟自己的一片天地，却只想收获不想付出，只闭门造车而不去看看同行在做什么。这样做的结果是无法进行有效积累的，也学不到东西。

怎么转变想法呢？就要从你的同行里面去找高手，找到他们的“套路”并不断学习，然后借鉴过来用在我们自己的业务上。

同行怎么能够成功？那是因为同行有许多的积累，或许内容做得特别出色，或许广告设计十分亮眼，或许成交话术特别精湛，所以他们做到今天既积累了丰富的经验，又拥有了对应的精准的客户群体。

同行能存在、能让很多人买单，一定有它的道理，我们要谦虚、要学习同行、对标同行。比如，我们做创业学习类社群，就要去各个流量平台搜索同行，研究同行高手是怎么引流的，同行高手是怎么做售前的，同行高手每天都在做什么事情，他的用户群体收费标准是什么。这样才能知己知彼，不断地创新和超越。

以一个在喜马拉雅做音频的同行为例，当你找到你的同行在喜马拉雅做知识付费内容，那么你不仅要看对方在讲什么，还要考察和学习对方的后台运营。比如，要了解他是如何制定和上传这个产品的。第一，要了解他是在喜马拉雅电台端口直接讲还是购买专业的录音设备在录音室里相对安静的空间中讲，抑或请他人帮忙录音，自己只是上传。要判断他是不是在念稿子、这些内容是原创的还是抄别人的，如果是抄别人的，能不能找到出处。第二，要判断他是个人运营还是公司运营，他在这个领域有没有赚到钱，卖的是实体产品还是虚拟产品，是做咨询还是做服务，把这些都整理和研究一遍，就会知道自己该怎么做，就能清楚这个音频内容的逻辑。第三，要了解他是晚上更新还是白天更新，看他做这个领域的时间有多久，音频是用什么软件编辑的，他只是上传到喜马拉雅还是在其他平台也有，背景音乐素材来自哪里，图片素材来自哪里。把这些逻辑进行延伸，去深入学习这些内容，找到相关的辅助学习资料，可以让自己融会贯通。

任何一个领域，都一定有这个领域的领军人物。你一定要搞清楚这些领军人物是谁，研究他们的打法，研究别人解决了什么问题，获得了什么资源。然后学习他们、对标同行，这是最快的成长方式，而且一开始就要研究对标的人：他为什么成功？他的流量是怎么来的？

他的核心竞争力到底是什么？我能复制什么？我用什么方法可以迅速超越他？这些思考可以让你找到一条属于自己的差异化道路。

借势事件营销

IP 的知名度代表认知和流量，它火热的背后也有喜好度，会带来对相关联品牌的信任，带来相关的粉丝人群。如何让个人 IP 产生杠杆效应呢？离不开营销。无论什么样的 IP，想要带来流量和吸引粉丝，不会营销是不行的。事件营销是营销手段中最常用的一种，也是效果较显著的一种，它代表热点，特别容易吸引围观和引发话题，最后带来流量。因为人的社会属性，人们会追逐热点。

在媒体中心化的时代，热点事件常常会成为全民关注的话题。热点事件如同一粒掉在水中的石子，会激起层层涟漪，引发多层传播效应。

如在网络上大火的藏族“甜野男孩”丁真，就是一个典型的个人 IP 事件营销。丁真没有带货却成了最大的带货王，他卖的产品是他的家乡甘孜。自从丁真在网络上被众多的人知道以后，甘孜的酒店订单同比暴涨了 89%，2020 年 11 月最后一周，“理塘”搜索量猛增 620%，比国庆节增长了 4 倍。可以说是用最低的成本达到了上亿元的宣传效果。这一切当然离不开背后的“高人”指导。丁真作为一个真实的个人 IP，最早在抖音上出现，当人们看惯了美颜滤镜下的“奶油小生”，产生审美疲劳后，一个纯天然无污染的狂野率真的小哥一下就击中了无数人的内心，引发了大量的围观，人们似乎突然喜欢这种原生态的样貌。紧接着事件热度持续，甘孜政府提出以月薪 3500 元签约丁真，这就引发了新的话题，有人认为签约一个涉世未深的流量网红薪水给得有点儿低，也有人说丁真一个没什么文化的人竟然摇身一变成了国企员工，争议的事件再度变成热点，受到人们热追。2020 年 11 月 25 日，《丁真的世界》这部纪录片正式上线并且把理塘的原生态美景推到观众面前，实实在在地给理塘做了宣传与推广。2020 年 11 月 29 日，外交部发言人华春莹连发推文，把丁真和理塘送到了全世界的眼前，顺便把中国的原生态美景送到了全世界的眼前。这就是 IP 借助事件营销掀起的一次又一次热潮，也把一个普通的藏族男孩打造成了国际知名的超级大 IP。

再比如，“豪车毒老纪”的爆款营销事件。这件事情的背景是抖音某大 V 通过老纪买了一辆劳斯莱斯并在抖音上发了一条短视频，内容很吸引眼球：你被老纪割韭菜了吗？被他割韭菜，是你的荣幸。这条视频，给老纪带来了“炸裂”的数据：抖音涨粉 2 万 +，后台私信 8000+，导入私域 6300+，已成交 1 亿多元。同时，还有 9 个亿的意向成交在洽谈中。9 亿元对于普通人来说，无异于天文数字。2021 年 6 月，朋友圈又有一个“找老纪”营销事件，整合了“刘润 + 肖厂长 + 老纪”引爆的私域刷屏事件营销，拓展了老纪的个人 IP 。据老纪估算，这次有几十万人在找他，微信私域精准引流 3 万人。可以说，这是“真实需求 + 借势营销 + 精准引爆 = 找老纪”私域现象级事件营销。

再比如，某明星在街头卖炒米粉，1万元一碗，所卖的款项归某慈善基金所有，这一看就是一次事件炒作和营销，不用考虑1万元一碗的炒米粉有没有人买，它真正实现了“超高的价格一定会引起超强的传播”。

2022年4月，大家应该对一个健身现象记忆犹新，在上海居家隔离的台湾艺人刘畊宏和他太太通过直播带动全名健身热潮。刘畊宏因为在线健身课突然爆红，不到一个月时间短视频平台的粉丝量已经突破5000万（4月27日数据）。据数据服务平台新抖统计，近一个月刘畊宏直播的累计在线观看人数超过1亿，单场直播在线观看人数为5257万（4月21日数据），这已经是抖音平台今年的最高纪录。刘畊宏已经成为巨大的流量源，还从抖音阵地延伸到整个社交媒体，比如微博、朋友圈、小红书乃至B站和Keep，基本上全被刘畊宏霸屏，甚至网上开始出现自称为“刘畊宏女孩”“刘畊宏男孩”的追随者。当然，刘畊宏的爆红，绝非偶然，而是“天时、地利、人和”共同推动的结果。

通过以上案例，我们明白事件营销的核心目的是吸引大众的关注，让更多的人知道你。一般事件营销特点多为新、奇、特、怪等。事件营销的好处就是传播快，通过一个事件，迅速形成公众传播，进而扩大自己的知名度。

以上举的例子都是已经有知名度或者靠背后的团队来进行设计的事件营销。如果仅仅是创业起步期的素人，该怎么让别人知道我们呢？如何找到一个可以传播自己的途径或方法呢？

为了帮助女性创业者 IP 打造，我们也曾举办过一些活动，比如办全球女性领导者峰会、全国励志女性大赛、创业营等。作为国内较大规模、较高黏性和较大影响力的高规格全球女性峰会，大会邀请了全球杰出女性：政界、商界、学术界、作家、表演艺术家等广受关注的各行业精英和独立女性领导者，以“我想成为的女性”“了不起的TA”为主题，进行了主题演讲和平行论坛，为又忙又美的励志女性人物选拔冠亚季军。以女性的力量影响女性，助力女性发现自我、绽放自我，打造女性领导者个人品牌及影响力。

“又忙又美”是我们倡导的创业女性精神，即使每天的工作很累很忙，也要美美的。忙，是对事业的追求；美，是对自我的要求。“又忙又美励志女性人物”选拔计划于 2017 年 7 月 16 日开启，为全球独立女性正名，让“又忙又美”精神激励当代女性不断学习提升，让“女性帮助女性”成为常态机制。参加比赛的选手年龄广泛，有“60 后”“70 后”“80 后”“90 后”，也有“00 后”；有繁华都市女性代表，也有二三线城市代表；有公务员、创业者、职场小白、普通职工，也有互联网大 V……她们是全国各行各业女性的代表，代表着中国女性的形象，或精神抖擞，或单纯朴实，或善良可爱……但她们都有一个共同的特点：立志做更好的女性，引领弱势群体变强大。

这是属于我们的事件营销，希望每一个女性通过全国励志女性大赛获得更多的机会，展示自己天赋与能力。最重要的是，很多女性朋友在这些大赛和峰会中找到了自信，拓展了人脉，为自己的 IP 曝光与持续引流奠定了基础。很多参加比赛的女性，她们都分享了自己的创业故事，或励志或感人，让现场观众发现了她、知道了她并开始关注她，这是推广个人 IP 的开始，也是让自己的 IP 得到传播的契机。我也有幸荣获 2019 年第三届全国“又忙又美励志女性人物”大赛的亚军，登上了纽约时代大屏幕，获得了到新加坡参访企业游学的机会。

借势红人出圈

破圈和跃迁是大家讨论最多的话题之一。破圈指走出或突破已有的圈子，进入一个更大的世界或圈子。这个过程意味着你的活动范围扩大了，你与世界的连接更多了。

简单地来理解，破圈就是一个不断突破舒适圈的过程，也是一个自我挖掘和打磨的过程。就像电影《一代宗师》中所说的人生三层境界：见自己，见天地，见众生。其中，见自己是了解自己；见天地是了解人、事、万物运行的规律；见众生是不断地去为他人、为社会做事，从而发展自己进入更大的世界。如果从三观角度来看，见自己、见天地、见众生分别可以和价值观、世界观、人生观相对应。事实上，绝大多数人终其一生，连自己都没见到，与后两层境界更是无缘。

有很多出圈的红人如丁真靠的是原生态的颜值出圈，张文宏教授则是靠幽默又接地气的知识出圈，他的那些金句，可谓是让谁听了都觉得受用。他说过，你在家里不是隔离，是在战斗啊！你觉得很闷，病毒也给你闷死啦！企业老板不用给我们捐东西，让员工在家里办公、隔离观察，还给人家发工资，这就是对国家作贡献了……这些通俗又正义感十足的金句让这位幽默的感染科主任成功出圈，之后他的发言也被人们广泛关注，频上热搜。此外，张文宏还在快手、抖音等平台开设了个人账号，普及医学知识。

那么，一个人如何速出圈呢？需得是真的有“料”。这得益于经年累月的积累。数字经济时代，专治“怀才不遇”。正如《尹烨：一个基因技术科普家的自我修养》中讲到的，每一个新兴行业都会经历从“科学发现”到“技术发明”，进而步入“产业发展”阶段。自己刚毕业那会，当时的生物行业还远远没有达到产业发展这一层级。幸运的是，尹烨进入华大基因，从始至终都在这个行业。

他每年会阅读100多本书，并且坚持每天做节目。

现在，在视频号上能出圈的博主也大多是在各自领域有多年沉淀和积累的，只是在视频号和直播的平台上展示出来而已。

因此，最值得的投资还是教育和学习。我们之所以要读书学习，就是因为学习别人经过验证形成的系统知识和经验可以让我们少走弯路。同时，结合自身去实践，创造性地走出一条差异化的道路。

借势出圈，具体该怎么做呢？

第一步：通过试错确定自己的专业定位。有人擅长讲段子，有人擅长投资理财，有人擅长写作，但最开始往往都是从试错开始的，边做边复盘，逐步找到自己的使命和独特定位。一旦找到，你会发现：在此领域，你会比身边人更愿意投入时间，更容易获得感悟；你的进步，也会比身边人更快更猛。

第二步：系统学习，刻意练习。有句话说得好，所有世界观的形成都离不开观世界。如果你在天赋领域不学习的话，是无法实现精进和超越的，因为现在专业的人太多了。只有每日精进、日拱一卒，才能功不唐捐。刻意练习的目的不仅在于练习和反馈，还在于养成良好习惯。这样，你才能在芸芸众生中脱颖而出、崭露头角、远离平凡。

第三步：拥有自己的代表作，先露个脸。个人 IP 打造的前提是你得有拿得出手的几件作品，做视频的你要有爆款的小视频，写文章的你得有 10 万 + 的爆文，代表作就是你个人最好的名片。总而言之，至少你要有一件代表作，你才能跻身前 20%，被人们称呼："不错！"

第四步：成为前 10%，与顶级高手建立连接、交流学习。当你有自己的代表作品仅仅是个开始，想要往更高处走，不陷入低水平重复，你需要与顶级高手建立连接、交流学习。你需要思考的应该是如何与顶级高手产生高密度交集，你还应该思考的是如何让顶级高手愿意和你频繁联系。当你解决了以上两个问题后，你就有机会往下一个山峰继续前进。

第五步：成为前 5%，形成受大众认可、有影响力的作品。在拥有影响力作品前，你可能此时已是圈内头部，但顶多也只是局部 KOL（关键意见领袖）；在拥有影响力作品后，你就可以成功破圈，向顶级高手迈进。打磨自己的作品，让它成为受大众认可的爆品，恭喜你！因为此时的你已经成为真正的前 5%，甚至前 5% 中的精英。

第六步：成为前 1%，影响全国、影响全世界，成为这个领域的 NO.1，你的 IP 影响力就会产生社会和时代的价值。

借势抱团取暖

创业者 IP 打造既考验个人的内容是否精良、运营方式是否精细科学，也考验是否能够形成矩阵营销和传播，所以创业者在打造个人 IP 的时候也要重视抱团取暖。尤其随着私域流量的运营逐渐被重视，视频号变现将成为未来的主战场。未来做视频号、参加私域流量峰会、与其他视频号头部创作者共同商讨和学习，是重要的协作方式。

短视频仍是流量时代主流传播形态，视频号的兴起也为创作者们增添了新的流量入口。视频号，这是个被预言具有万亿美元电商规模潜力的新阵地。视频号的流量红利究竟有多大？如何从中获取红利？这些问题已在各大视频号峰会不断地被热议。

视频号自 2020 年 1 月内测以来，用户日活量不断突破新高，2021 年日活量已超过 5 亿。一年多时间，视频号在跳转链接、入口展示、功能丰富性上都在以月为单位升级，吸引了大批优质内容创作者的涌入，也让不少嗅到私域流量红利的商家驻足于此。我自己也从 2020 年 6 月开始入驻，并借势视频号第一波开账户在短短一个月内成为金 V 教育自媒体博主，属于早期内容创作的博主。

作为私域经济的新渠道，视频号打通了微信三大生态：社交、内容和电商。经过一年多的沉淀与发展，视频号正处于红利期，极大程度地扩充创作者的社交圈，对于创作者来说，无疑是一个非常好的机会，更是为大众群体共享私域流量开辟了一条全新道路。

近两年，随着直播带货和直播电商的崛起，那些在抖音和快手上被验证很成功的功能都挪移到视频号了，在抖音上的头部 IP 也已经逐步入驻视频号了。我们有理由相信在视频号上会诞生非常多围绕着私域、个人品牌、更活跃用户的内容，会获得大家的喜爱。

对于内容短视频创业者来说，视频号是极具发展潜力的新赛道。新赛道催生新业态，新视界预见新未来，视频化的内容表达，将会是下一个十年内容领域的主题。

流量在哪里，用户就在哪里。想要创业，想要赚钱，最核心的点就是看能不能搞定精准流量，这也是互联网创业最根本的点。所以，不管是对个人，还是对企业，视频号都是必争之地。

视频号并不是朋友圈的扩大，而是一个新生态。在打造个人 IP 方面可以采取集中优势、以点带面的打法。比如储备一批内容，最好三四条，在感觉到平台流量大的时候，挑选最优质的内容放出去，这样更容易破圈。如果你只有一条内容，那就没得选，会很被动。

在 2021 年举办的视频号创业千人峰会上，聚集着来自不同领域的人，而所有人一致认为打造 IP 离不开从幕后走到台前，也离不开跨界合作。毫不夸张地讲，每个人每个月都在重新创业。在千人峰会上，有一位素人宝妈让我印象深刻，她在视频号上有 70 多万粉丝，在台上却很腼腆，她说自己做视频号的初衷就是为了找到自己的价值。她每天发的内容也主要以自己的生活为主，看似简单，但坚持不易。视频号的推荐机制和抖音、快手不同，在抖音、快手平台，头部账号占据了大部分流量，内容依赖算法推荐，在某种程度上是通过迎合人性获取流量的。但在视频号中，一个普通人的作品也有成为爆款的可能。

视频号是基于微信生态衍生的产品，天然带有社交属性，而且每个人的微信号里已经或多或少有用户的积累。在其他平台，可能因为人们的价值取向不同，对于一些恶俗的、丑陋的内容也会有人点赞，但视频号里人们一般都会维护自己在熟识的朋友圈中的“人设”，不会轻易去点赞不上档次的内容。这就要求创作者的内容要足够优质，这样才能抓住“长尾”流量。

随着越来越多的人设置“朋友圈 3 天可见”，未来视频号就是你的个人名片。那么，该通过什么形式传递内容呢？拍一条一两分钟的视频，可能要花一两个小时，成本有些高。在这种情况下，或许你可以试试多样化的视频形式。目前主流的视频形式，有 Vlog、纯口播和剧情类。Vlog 就是拍摄一些日常画面，再剪辑出来。优点是画面切换快，容易抓取人们的注意力，但缺点也显而易见，拍摄门槛高、时间久。纯口播就是一个人对着镜头干讲，对主讲人的镜头表达能力要求很高。这么做的优点是省事、成本低。但如果你讲得平淡无奇，很少有人会听完。有时候，我们可能自己都不想回看这类视频。剧情类就像演电视剧一样，在短时间内讲完一个故事，需要提前写好脚本，对演技也有一定要求。你可以提前一周规划好视频号的内容，把这几种形式穿插起来，这样粉丝不会产生审美疲劳，你自己也可以提前把控工作量。

无论处于什么样的风口或是正值红利期，要想做好都不容易，如果想长久地在某一个领域做下去，只有随着时间的积累才能产生效果，必须务实一点儿。你需要提前想明白：你是谁？你为谁？你能给大家带来什么价值？你能给大家解决什么问题？基于这些，分享你的视频号，包括你的朋友圈，你的整个 IP 通过视频号的输出、通过直播的输出、通过社群的输出、通过公众号文章的输出，就会构建起一个饱满的人物 IP。

如何持续涨粉？除了做爆款内容，还要做好以下 5 件事：

（1）定期发朋友圈和社群。在微信视频号做新手引导和激励，让他人去帮你转发视频号内容。

（2）引导公众号粉丝关注。这对于公众号有粉丝积累的人来说有先发优势。

（3）邀请好友私信关注。写下你值得关注的三个理由，群发请朋友们关注。比如我视频号置顶的其中一条短视频就是关于“关注我的三个理由”，点赞量快速达到了 650 个，在早期的时候效果不错。

（4）视频号主之间互推。同等粉丝量的号主，在做视频时，可以互相推荐 @ 对方，这样可以让各自的粉丝增多。

（5）去大 V 的视频号上抢先留言。这个需要耗费时间和精力，你要先观察大 V 一般什么时候发视频号，然后抢先第一个用心留言，同时把点赞量确保到前三。

把长期主义者的信念根植于心

无论什么样的创业者，都离不开对目标的规划和一步一步坚持不懈的行动，做一个长期主义者。创业的路上难免会遇到困难与挫折，虽然互联网给了我们很多创业的机会，但创业成功的人毕竟屈指可数。如果一遇到困难就放弃，那么目标就很难实现。

当我们确立了目标以后，内心会有一种动力，如果我们确立的目标是帮助别人一起成长，那么内心的动力就会更强，就会变成了一种更大的“愿力”。

我们的“数字经济‘她力量’”女性创业计划，从 0 到 1 孵化创业者、培养创业者、塑造创业者，邀请更多有志创业女性和我们一起用学习拿到结果，助力青年成长成功。通过助力女性创业者养成自我管理的微习惯、习得创业本领、提升自我竞争力，帮助和带动更多的女性，通过学习提升职场就业创业能力，开展创业女性跨文化合作，激活女性时代价值，收获富足而有爱的人生。

我始终相信，“愿力”比能力更重要。我们要有帮助他人实现目标的“愿力”，这样会让自己生发出更多的动力。如果你是一个企业家，你需要让你的团队跟着你一起分享成果的喜悦；如果你是一个老师，也要能够点燃学生的梦想，带着大家一起去实现目标。在我看来，有了目标并不断进步就是最好的行动力。

$$\begin{cases}1.01^{365}=37.8\\0.99^{365}=0.03\end{cases}$$

这个等式告诉我们,积跬步以至千里,积怠惰以至深渊。

$$\begin{cases}1.02^{365}=1377.4\\0.98^{365}=0.0006\end{cases}$$

这个等式告诉我们，只比你努力一点儿的人，其实已经甩你太远。

这些数字相信大家都觉得很震撼。我们再来看一个更夸张的平方和公式：

$(a+b)^2=a^2+2ab+b^2$

（a+b）的平方等于 a 的平方加 2ab 加 b 的平方是完全平方和公式。

这个公式表达什么意思呢？如果你每天坚持精进，每天都有进步，当你坚持 365 天以后，你的收获是长远的 1377 倍；但是如果今天是两个人，两个人分享一下，两个人相互监督，我把我的经验跟你分享，你把你的经验跟我分享，2 的 10 次方等于 1024。两个人只需要分享 10 次就可以达到一个人将近一年的努力成果，这是一个多么令人震撼的数字呢！这就是团队学习、相互分享的作用。

每天看似只进步“一点点”，可是一年下来所产生的能量就非常可观了。因此，要把长期主义者的信念根植于心。把时间和信念投入能够长期产生价值的事情中，从量变到质变地去修炼自己。

因此，我们每个人每天都要问问自己：今天做了什么？明天计划做什么？今天的收获和心得体会是什么？如果每天精进一点点，一年以后，你会发现和现在的你相比差距已经是天壤之别。另外，如果不单是自己精进，还跟别人分享经验一起精进，两个人分享 10 次就相当于一个人将近一年的速度，所以这个公式再次表明了日益精进和相互赋能有多重要。朝乾夕惕，进德修业，人生终将美好。

我对数字经济“她力量”的思考：

◆ 过程本身就是享受，付出本身就是奖励。

◆ 什么时候开始都不算晚，你要做的就是从此时此刻开始，因为最好的开始就是现在。

◆ 找到对标人物，是脱颖而出的捷径。

◆ 长期主义者的信念根植于心。

◆“愿力”比能力更重要。

◆ 朝乾夕惕，进德修业，人生终将美好。

◆ 从人生终点的时刻看待此刻的选择是否值得。

第八章

女性创业者如何创造赢的可能性

赢，就是赢过昨天的自己。

梦想引领：创业要以目标和梦想为指引

有句话说：人人都要有梦想，因为梦想终会到达。创业也好，生活也罢，一个人可以走多远的路，往往是靠梦想和目标的指引加上不懈努力来实现的。我认为，你的事业能发展到什么样的程度，攀登到多高的高度，离不开梦想和目标，更需要不懈努力。以梦为马，策马腾飞，让梦想一直存在，这样才有机会实现梦想。

一个有目标和梦想的人往往有着强烈的内驱力，可以说是百折不挠，比如乔布斯、马斯克都是这样的人。他们的特质是为了梦想可以不顾一切，对别人认为不可能、不看好的事，无论遇到什么挫折都一定要去实现，这是成功者必备的执着与坚韧。女性创业者的失败有一部分是不知道自己想干什么（没有目标），也有一部分是缘于没有动力而无法坚持下去，再或者梦想和目标并没有那么大，发展到一定阶段，就开始质疑自己的目标和追求。女性创业者，当选择创业的时候，不仅要有长远的梦想与目标、不轻言放弃的决心和动力，更要有高效的行动力。

我一直认为，做事之前要有清晰的目标、严格的计划，别想太多，也不用瞻前顾后，尤其是互联网创业，“三个月就是一年”。制订目标、拆分目标，并且付诸行动、管控过程。比如想要年入百万，就要先解决日赚三千，想解决日赚三千就想想自己有哪些资源，该怎么做，哪些事情是有效能的产出，对目标达成能有推进，将多余无效的动作砍掉。当工作中没有明确目标时，围绕肤浅工作的表面忙碌会成为一种本能。曾有一段时间，我也围绕这个目标，每天超级自律，更新视频号、日更微博、完成一篇干货，每天至少联系 3 个客户，最多的一天联系 8 个，每天还锻炼一小时保证身体健康，还挤时间提升专业，摸索方法论。我认真剖析后发现靠写公众号成为大号自媒体已经过了最佳时机，当时是微博有机会，很多粉丝会去微博搜我，后来是视频号更有机会。在制订目标前，先分析自身优势，比如深入教育、研发课程、做培训、授课是我的优势，也是我在教育行业 15 年的积累，趁着新媒体教育内容创业红利还在，教育也是最好的社交，所以我选择了在新媒体领域打造自己的教育 IP。对于刚起步的创业者或副业者而言，可能短时间内无法看到结果，但这是一个由量变到质变的积累过程。

许多年前，哈佛大学为了研究确定人生目标对一个人一生的影响，特意对一群大学毕业生进行过调查。当他们即将离开校园时，分别对他们的人生目标进行了问答，结果发现，27% 的人没有目标，60% 的人目标模糊，10% 的人有清晰但是比较短期的目标，只有 3% 的人有清晰而长远的目标。25 年后，哈佛大学再次找到了这群大学毕业生，并且跟踪了他们的生活。27% 没有目标的人在工作和生活上都非常失败；60% 目标模糊的人也没有太大的成就，总是在抱怨没有机会让他们施展才华；10% 有清晰但是比较短期目标的人，他们都跻身到社会上层，生活过得很好，但是由于他们没有在某方面付出更多的努力，取得的成就也极其有限；只有 3% 有清晰而长远目标的人，他们在工作中即使遇到许多别人难以想象的困难，也都以极大的毅力克服了。最后，这 3% 的人生活得非常美满，工作上也取得了很大的成就，成为社会上的精英。

为什么很多女性创业者有心无力，也不懂给自己定位，大多是由于她们没有梦想也没有目标造成的。当我们无法给自己明确定位的时候，不妨给自己列个梦想和愿望清单。有了目标和梦想的指引，往往更容易找到方向。因为对于一只盲目的船来说，所有方向的风都是逆风。

自信为王：打造个人IP要乐于展示

写作本书的过程中，我曾经很多次否定自己，觉得还不够深入、不够完美；又不断说服自己，先完成，再完美。这和创业以及打造个人 IP 一样，永远是一个趋于完美的过程。这个过程本身就是“长期主义”，更需要带着问题前行的勇气。

这也是我想给正在创业人们的建议，想要打造个人 IP 就要乐于展示。无论是文章，还是短视频，只有先开始做，才会有反馈，才会自成体系。

打造个人 IP 是一个漫长的过程，除了爆品思维，更要持续输出思维。任何一个单一观点，都不足以支撑一个完整的品牌，只有持续地输出，才具备让人持续关注的理由。没有作品的导演不能算导演，没有内容的创作者也不是创作者。如果没有早期的自媒体矩阵（微信公众号、视频号、微博、荔枝微课等）的粉丝，就无法获得初步的启动。我个人也是得益于从 2019 年开始就持续在新媒体输出原创干货，才有了第一批“种子”粉丝——“太阳粉”，这是一种特殊环境建立的陪伴关系。

勇于展示还能带来另一个好处，就是倒逼自己输入。因为想要有输出必须先有输入，这就产生了主动学习的动力。你想展示内容，就得有干货，这就逼得自己需要不断地学习。作为讲师，就更需要构建系统的知识和实践来传递和分享。想要吸引别人，就要有源源不断的输出。分享，最大的受益者不是听众，而是分享者本人。

学员是否掌握会受到很多因素影响，但是输入输出的过程已经完成了作者的思考和反思。因此，找到自己喜欢的特定方式，并持续地逼自己输入、输出，是促进自己不断提升的最有效方式。

很多学员都会担心自己不会，做得不专业。想要实现持续展示自己，最需要训练的就是“胆量”。在这个自媒体如云、大 V 网红遍地的时代，人们很容易只观望不行动，觉得自己就像茫茫网海中的一粒沙，怎么可能脱颖而出，有了这样的念头很容易没有开始就偃旗息鼓。所以，要在潜意识里对自己灌输“我敢写，我敢表达”的念头。这个“胆”，就是突破，放下对未知的恐惧与担忧，敢于让别人进入自己的世界。

还记得之前有一个学员参加视频号训练营，跟她同时开始做的一共有 5 个人，最后只有她一个人坚持下来了。她在那一期视频号的粉丝过万。基于视频号有了一批基础粉丝，她打开了自媒体 KOL 的圈层，开始作为博主深耕内容。她能够把账户从 0 到 1 打造起来，最核心的一点就是没有想太多、坚持去做。作为女性创业者，能被人看见是一种能力。

取人之长：通过影响强者而影响世界

有这么一句话：读万卷书不如行万里路，行万里路不如名师指路，名师指路不如阅人无数。事实上，这是一个互通的时代，如果仅仅只靠读书，那么就会感觉到“纸上得来终觉浅，绝知此事要躬行”，还有一点更重要，那就是要靠近某个领域的“牛”人，读十本好书，还不如和一个细分领域的“牛”人深入交谈一小时，前提是你要找对人。

社会分工更具体，每个领域都有更多的专家产生，所以接触某个专业领域的专家，是打开视野、提升认知与思维的最快方式。当你的朋友圈有 100 个专家时，你就相当于有了 100 个知识顾问，他们每天过滤掉大量的劣质信息，选出几条优质文章转发到朋友圈，还会发表自己的感想和观点，那么你直接去看他们的朋友圈，就能从他们的视野和角度出发进行学习。同样的道理，你想在某个方面提升，与其学习那些碎片化的知识不如直接找最专业的人学习，这是一条捷径。

我做过很多现场翻译工作，所服务的客户有上市公司的老总，有世界500强企业的行业巨头……有时候他们简单的启发和交流，就可以瞬间解开我内心纠结已久的疑惑。作为创业者，他们唯一的工作就是思考和决策，但是这个思考不是坐在家里闭门造车、自己瞎琢磨，而是获取大量有效的信息，然后再去思考、去吸收，从而变成生产力。这就需要我们去接触更高阶层的人。

当你接触的人越多、眼界越开阔、层面越高，你就会发现越有能力的人、越有教养的人往往越有格局，这样的人大部分都相互支持、抱团发展，带动大家一起发展。而越是低能量、层次不高的人，越是喜欢拆台、鄙视别人，自己不好也不希望别人好。

有句老话说得很对，“近朱者赤，近墨者黑”。假若你想要有所成就或者想要生活有所改变，你就应该去接触充满正能量的人。要知道，能量是会传染的，他们会让你意识到活力、幸运以及看到充满希望的未来。

举个最简单的例子，如果想验证什么是高能量和低能量，则可以打开聊天工具，群发一条信息“你最近在做什么？”这时候你就会看到各种各样的回复。有人会说“我能干什么，还是那样呗”，而有一部分人，会这样回复：“我最近在读 ×× 的书”“我这个月报了 ×× 学习班，想利用一下下班后的时间”“我锻炼身体呢，刚跑完了5公里”…… 这些不同的回答背后代表的就是不同的价值观。有的人会向你抱怨生活的不易，有的人会向你传达积极的人生态度，有的人会和你谈项目合作，也有的人会向你借钱等。如果你靠近的是低能量的人，他们不会支持你创业，反而会向你泼冷水。他们自己看不到机会，也会告诉你不要争取机会。反之，如果你靠近的是高能量的人，他们眼界开阔，对经济发展趋势有自己的理性判断，同时他们对生活和工作充满激情，会对你说一些鼓励的话，也会给你一些创业的指引，或者还会拉你进入一个有更高能量的圈子，助力你提升能力。

所以，想要创业就要靠近高能量的人，远离给你“拔气门儿”的人。结识高人，就等于你迈出成为高人的第一步。

人际法则：自身优秀才有社交资本

“时代抛弃你的时候，连招呼都不会打。”的确，这是一个快节奏的时代，是信息爆炸、各路能人大显神通的时代。信息与技术的更迭非常迅速，如果不能拥有持续的学习力，就会被时代抛弃。尤其女性走向职场，不仅要担负起家庭的重任，还要开创自己的事业，只有坚持学习，不断完善自己，才能让生活和工作更有质量，也才能扮演好各种角色。教育是最好的投资，学习力是一个女人最好的靠山。你想为别人传递价值，就要多学习，就像是你想给别人一瓢水，自己必须要有一桶水才行。

另外，只有不断学习，具备了一定的资源和价值，才能找到同频的圈子，否则自己不够优秀，再好的圈子也融入不进去。在你还没有足够强大、足够优秀时，先别花太多宝贵的时间去社交，要多花点儿时间读书，提高专业技能。放弃那些无用的社交，提升自己，才能有更大的发展！

有这样一条人际法则：社交资本不在别人的身上，而藏在自己身上；唯有让自己变得强大，你才能获得有用的社交资本！真正的社交资本是有价值的社会关系。“认识人多”不等于“社交资本强”。人际法则的第一条就是要扭转“以多寡论英雄”的人际观，人际关系的基础是价值对等交换：你的价值越高，贵人就越会帮你。与其把时间花在多认识人上面，不如多花时间提高自己的个人价值以及对他人的贡献上。

有一期培训课结束，有个学员问我：“太阳姐姐，您能不能靠您的人脉和圈子给我介绍一些成功人士？”我问她：“你想认识这些成功人士干什么？”她的回答挺真实也挺可爱：“想融入他们的圈子呗。”

我没有打击她，也没有鼓励她，更没有提供给她一些在我圈子里的“大人物”。因为在我看来，人脉和圈子不是靠一张名片或一次微信推荐就能融进去的，靠的是对等资源的吸引和个人魅力的互相欣赏。不然，光认识有什么用？

由此，我不禁想起多年前一个朋友和我分享的切身经历。当时他去参加一个活动，认识了某位“大人物”，交流甚欢，相互留了电话。原以为这是很重要的人脉资源，不久，刚好遇到困难，就想到了这位“大人物”。于是，发了一条长长的短信，没回！又打去一个电话，结果只听到两个字：没空！说实话，这样的事，我也遇到过。这也确实说明职场阅历比较浅。

很多人都遇到过这样的情况，以为和对方留了电话加了微信，彼此应该能互相帮忙，却忘记了一件重要的事情：只有资源平等，才能互相帮助！很多社交并没有什么用，看似留了别人电话，却在需要帮助的时候，仅仅是白打了一个电话。

真正的社交资本就是一种“交换关系”，如果自己的资源不够好、自己没什么价值，往往不会成为输出价值的一方，反而成了索取价值的一方，这样就会成为别人的负担。所以，可以想象，资源多的人更喜欢也更可能与另外一个资源数量同样多或者资源质量对等的人进行交换。在这种情况下，“公平交易”更容易产生。只有优秀的人，才拥有更多优秀的人组成的人际圈。所以，经常问问自己，我可以给他人提供什么价值？能为别人带去什么支持？

合作思维：抱团前行互相取暖

“一个人走得快，一群人走得远。”创业路上最好是一群同频的伙伴一起前行。一个人干不过一个团队，一个团队干不过一个系统，一个系统干不过一个趋势。团队 + 系统 + 趋势 = 成功。你能连接别人，说明你有能力；你能被别人连接，说明你有价值。合伙制的诞生就是彼此连接和整合的产物，你有资源，他有价值，合在一起就变成了一个更有力量的团队。小米、华为之所以相继成长为市值超百亿美元甚至千亿美元的大企业，他们的共同特点都是拥有强大的合伙人团队。

企业如此，大自然也是如此。被称为“植物界巨人”的红杉能长到二三十层楼高，但令人惊奇的是，这么高大的树根系竟然并不很深。它们是如何避免树大招风，被连根拔起的呢？科学家发现这种植物都是连片生长，彼此相触，根虽不深却紧密相连，结成了地上地下的一大片，除非把它们连根带树一块卷起，否则就撼动不了它们。合伙做事也要靠这种团队的力量、结盟的力量，避免单打独斗。

现在的商业环境是复杂的，无边界竞争，跨界合作就成为常态。没有哪一种企业模式是一劳永逸的，没有哪一个企业可以永远稳固，都需要借别人所长补己之短，实现共赢。如果还是以前的思想，闭门造车、单打独斗，则很难生存发展。

马化腾、王健林、李彦宏他们不缺人才也不缺钱，为什么还要跟别人合作呢？因为他们需要整合更多的资源，打造更大的平台，提供更好的服务。如此一来，他们将各自的胸怀、格局、眼光和境界组合在一起，成了更强大的“铁三角”。

我们的教育平台也是多方合作。借助平台势能和力量，各方发挥优势，实现共赢。作为平台的创业导师和团队的创业教练，协调发展、共同助力、携手同行。

成为伙伴的前提是有共同的价值观。在价值观一致的基础上，新时代的合伙，不仅要打破传统的层级模式，更重要的是形成生态模式。

从合作到合伙，是一个资源互补、事业共创、风险共担和利益共享的过程，也是一个从制定规则到拿到结果，最后完成彼此蜕变成长的过程。只有这样才可以说合伙企业是成功的，也才能保证共同干的事业基业长青。

一项事业也好，成就也罢，都不是一个人干起来的，所以，合伙制能够为有梦想、有抱负的人提供成功的基础，也利于彼此成长。如何和合伙人搞好关系？如何管理人才？如何进行利益分配？是每个创业者都需要学习和实践的。

放眼未来：更长远地去看待收益

很多人对于创业抱有不切实际的幻想，以为只要创业就能快速赢利。其实创业是一路风雨兼程，罗马不是一天建成的，没有“循序渐进”的能力，很难取得成就。我们要有长线思维，用更长远的眼光去看收益。

长远看待收益，有三层意思：

一是不要因为赚钱少而受挫，任何人都是先从赚小钱开始的。

二是不要想着快速收割，真正的大钱都源自真诚的服务和对等的价值付出。

三是鼓励自己，克服眼前的困难，要有耐心。

我们看到的往往是成功创业者的故事，如果没有分辨的头脑，往往容易进入陷阱。如果不思考自己想做什么、能做什么、该做什么，只是看人家做什么自己就跟着做什么，看见什么好就尝试什么，就会逐渐失去自我。适合一个人的道路看似很多，实则很少。越是大牌明星，戏路越窄；越是大的企业，经营越专一；越是成功人士，思路越清晰。这就是精准定位。你只需要找到一条属于你的正确道路，集中火力，聚焦拿下。

拿自媒体涨粉这件事来说，无论是视频号还是写文章，都会觉得打造个人 IP 是件头疼的事，总觉得粉丝太少、涨粉太慢，于是拍三五个小视频，写上几篇文章没有人阅读和观看就放弃了。然而，那些积累了上万、十几万甚至上百万粉丝的人，他们也是从最开始很少数人关注一步步走过来的。许多人的成功不是比别人更优秀，而是比他人更坚持，其他人都被他“熬死”了。越是在当下社会焦虑、行业焦虑的时候，就越要保持镇静。这里还要强调一点，就是长远看待收益并不代表当前在收益上不作为。IP 变现是一个持续的过程，也是一个优化的过程。

用更远的眼光去看待收益就是一种长线思维，也就是在时间积累中获利，要相信时间的日积月累是获利的条件之一。解读趋势和政策，看到一个行业未来会怎样？5 年、10 年会走向哪里？并把时间精力放在能产生高价值的事情上，决定如何布局，知道怎么做，只有这样才能有高质量的结果，才能走得稳、走得远。

要想成为某个垂直领域的专家，那么就选一个自己具备的天赋优势，发自内心热爱有优势的领域，然后坚持下去并交给时间来验证。比如，每天写 500—800 字的文章，并录制音频、视频，通过视频号、抖音、快手、今日头条等平台发布出去。坚持 100 天，你可能已经是这个领域的小专家了，水平可能超过一般人了。如果坚持一年，坚持 10 年呢？但是又有多少人能坚持呢？事实上，现在很多网络大咖和互联网创业者都是这样发展起来的，他们都是长期主义的践行者。因此，当有任何一个目标的时候，不妨制订一个 100 天行动计划。其实，人生也就是 300 多个 100 天而已。创业就像是一场马拉松，需要的是耐力以及对目标的持续行动。

回归本质：不要羞于谈钱

商业的本质是要企业赢利、创造社会价值。“一切不以赚钱为目的的创业都是要流氓”，所以回归商业的本质，创业不要羞于谈钱。出来创业是做自己人生的 CEO，自己给自己发工资。如果你想要在一个领域创出一片天，那就要确保公司产生利润以及在一定时间范围内赢利。尤其对于初创型公司更是如此，即使有投资人，资金也是在有限期间内的运作。情怀、理想、激情都离不开生存和发展。

很多创业者觉得自己打造的内容很“艺术”，不应该变得“商业化”，所以最开始的想法也是纯粹当爱好去玩玩而已。如果创业不以赚钱为目的，往往无法保障基本的物质基础，没办法变现，创作者们肯定难以靠激情维持长期创作。一个内容能够变现，才是长久发展之计。比如，做视频号的初衷就是“人人做点儿小生意”，因此它在商业化闭环方面，做得越来越完善。从私域端来看，视频号打通了朋友圈、微信好友、微信群；从公域端来看，视频号连接了小程序、公众号及小游戏。在小商店、直播、搜一搜、看一看中都有视频号的身影，足以证明视频号在微信这款应用中的重要定位。视频号有零售、打赏和广告等多种变现形式，而且还在不断创新迭代中，这对创作者来说是一个利好。

为什么说视频号将来是自媒体创业者的风口和战场呢？我有个朋友 2020 年的时候在抖音上非常努力做直播，连续播了 100 天，每天早上 7：00—9：00，晚上 6：00—8：00，基本没断过。整整 100 天后，她的抖音并没有做起来，盈利也一般，关键她还不是一个小白，已经有了几万的基础粉丝。而视频号的变现能力和粉丝数量的关联并没有那么强，更多的是强社交信任关系。当她转战视频号的时候，一个月就得到了比原来 100 天在抖音上获得的还要多的结果。

因为能力和影响力所限，初创者能够影响的首先是身边的人，如家人、同事、朋友等。直播带货的方式主要以自用分享为主，自己用得好才会推荐给身边的人。前期因为没有什么资源和名气，需要自己找货源、直播、挂链接、和商家谈好合作分成，主要收入是带货返佣金。

所带货物多数以零食、生活用品、家居和亲子用品居多。所幸现在视频号直播供应链产品平台都已经对接好了，只要选择产品并将其挂在直播间就可以。初创者前期要做的是营销自己，把自己“卖”出去，让别人愿意来自己的直播间。直播卖货是次要的，积累人气和粉丝是主要的，要不断提升个人的综合能力。所有对直播感兴趣的人都可以做，自己喜欢最重要，尤其是能够放得开、坚持得下去的人做起来会更容易。举个最简单的例子，如果你是一位宝妈育儿高手，会挑选婴幼儿用品并且也有不少妈妈群的话，那么完全可以专注这个领域，对接母婴用品的商家。

互联网的发展使“人人都能玩直播，人人都能当网红”成为一种可能。普通观众通过给主播打赏或送礼物，就能和主播聊天互动，从而获得心理满足感。粉丝与主播可以说是各取所需，粉丝可以在直播间排解无聊的情绪，还会出于种种心理需求打赏主播。所以，主播的另一个变现途径就是靠粉丝打赏来获利。目前我看到的头部主播，光每天直播间打赏就可日入 10 万元以上。据资料显示，从网络直播诞生起，网络直播在我国已经积累了 3.5 亿的忠实观众，提供网络直播平台服务的企业超过了 300 家，网络直播行业的年产值已近 264 亿元。

作为网红主播，粉丝数量肯定不少，通过直播获得粉丝的礼物打赏，尤其是视频号的一个桃花岛就价值千元以上，目前视频号除了平台的标准手续费之外，提现都归主播。这里还要强调一点，不同的主播拿到粉丝打赏所占的比例也是不一样的，这就要看所在团队确定的标准了。视频号是通过购买微豆来打赏，按礼物来区分不同金额。在抖音，音浪是抖音的虚拟货币，这是粉丝给主播打赏的工具之一。视频号直播间 7 个微豆是 1 元钱。抖音音浪的规则是 10 个音浪等于 1 元钱，主播靠音浪提成变现。主播音浪提成比例根据直播间权重而定，通常在 30%—55%，权重越高，提成比例越高。

主播依靠内容变现已经不是一个梦想，已经成为现实。当然，各种平台的出现让“内容变现”这种形式虽然看似更加容易，可要想真正做好，不是只有好内容就能实现的，除了内容过硬，还需要平台的支持。同时好的内容更要有持续性，除了创意不能停，更需要好的策划团队来参与制作和运营。这也是为何很多平台只想专注于做平台，而不愿意做内容：一是制作内容需要聘用大量的创作型人才，成本高不说，还容易出现创作瓶颈；二是在民间，内容的创造者众多，通过互相赋能、发挥各自优势，最终实现共赢。

自律能力：凡事预则立

虽然互联网现在给普通人提供了很多创业平台，但是创业对一个人的时间规划和自律能力要求很高。创业与有规律的“朝九晚五”上班不同，一旦脱离“朝九晚五”的时间限制，人就容易松懈。

有人曾说过：在创业期如果你想成功，首先要学会自律。创业是一个孤独且艰辛的旅程，优秀的创业者除了必备的技术、资源、人才、资金等硬性条件外，自知与自律是成功的关键所在。

日本时装设计师山本耀司曾说过，我从来不相信什么懒洋洋的自由。我向往的自由，是通过勤奋和努力实现更广阔的人生。一个人能否实现目标，跟任何性格特征都无关，除了自律。

研究发现，所有成功人士无论是性格好还是家世背景显赫，无论是学历水平高还是赶上了好时代，都离不开个人的高度自律。所以，一个自律性强的人，不仅容易成功，而且更能彰显高贵的品格和人格魅力。大部分的普通创业女性，要想实现经济独立、要聪明、要美、要瘦，只有对自己“狠”一点儿，才有机会过上自己想要的生活。

环顾周围，不是人人都有时间管理能力，就像不是人人都具备高情商一样。曾听过这么一句话：“时间最不偏私，给任何人都是 24 小时；时间也最偏私，给任何人都不是 24 小时。”看似平等的 24 小时，拉开人与人差距的也是这 24 小时的时间管理。具备时间观的人不是把时间拉长，而是对要做的事做了选择。在我们的创业者中，有一位来自云南的林女士，她是一名新媒体编辑。一方面要应对高强度的本职工作，另一方面还要抓紧时间准备考研，忙得天昏地暗。她觉得自己天天都是在与时间赛跑，但效果并不理想，不但考研复习不好，也由于时间匆忙发的稿件经常有问题而让领导不满。直到她听了时间管理中关于优先排序的理论后，才终于意识到：一个人必须放弃生命中很多值得去做但是目前不应该去做的事情，才能实现自己最想去完成的目标。后来，她辞去了工作，全心全意在家复习，顺利地考上研究生。更让人羡慕的是，如今的她在读研期间还兼职做新媒体文案，每个月的收入不菲，成了一个闪闪发光的人。时间管理，不是把时间利用到极致，而是懂得对自我进行管理，知道什么时候该干什么事，更知道什么时候不干什么事。

会管理时间的人，会经常自我提醒：我是在主动管理时间，还是在不知不觉中被时间管理了？“积土成山，风雨兴焉；积水成渊，蛟龙生焉。”当我们学会了终结拖延症，学会了时间管理，提升了自己的时间观，那么生活和工作就会进入一个不同的轨道。

经过一次次拖延和浪费时间，人生的差距慢慢就会被拉大。哈佛大学做过一次调查，发现世界上大部分的人都因拖延的坏习惯而导致一事无成，这是因为拖延能打消人的积极性。那些高效能人士、杰出人士往往都是终结拖延症的高手。所以，想要让自己摆脱平庸，首先要告别拖延，学会管理时间。如果不拖延，就会有效利用这有限的时间多做一些事情，从而离成功和高效更近一步。

虽然在创业中，很多时候是一种自由职业者状态，但是对时间的计划和自律意识反而应该更强。又忙又美的女性虽有压力和挑战，但不会患得患失。忙，给予女人生活的意义；美，给予女人生命的美好。又忙又美的女人，往往有着积极的思考方式、行为举止以及一个充满正能量的人生状态。作为女性，此生要珍惜自己的生命、珍爱自己的生活，活得漂亮且把世界照亮，不负韶华！

戒掉脆弱：可以流泪，但不要怕犯错

奥地利心理学家阿德勒有句话说得好：“不怕被讨厌，是获得自由和幸福的开始。”很多人之所以不快乐，正是缺少了这种“不怕被讨厌”的勇气。说得通俗点儿就是，自从脸皮厚了以后，日子好过多了！

创业者是一群不能有“玻璃心”的人，男性企业家要学会放下自尊或“面子”，而女性企业家也不要害怕犯错误。很多女性从小就被教导“遵守规则，少犯错误”，这导致女性在创业时变得谨小慎微，很多女性在创业初期遭遇过一些小挫折，就开始否定自己，进入负能量的恶性循环。创业其实是一个反复试错的过程，“不要玻璃心”是指不要自动地把自己当成一个弱者，认为别人应该照顾你。换句话说，创业赛场是一个关乎成败的战场。没有人会因为你是女人而让你三分。在激烈的竞争中，每个人都希望自己的项目能够脱颖而出，没有人能时刻照顾你的感受。所以，最好“扔掉玻璃心，练就厚脸皮”。

“不要怕犯错”指创业者要接受自己一定会犯错的事实，学会在试错中成长。很多女企业家在创业初期不能容忍自己的错误，导致要么不敢做事，要么犯错后无法恢复元气，这往往也是因为“玻璃心”太重造成的。

所谓的“玻璃心”其实就是过度向外求，太在意外界的目光。求赞美、求肯定、求表扬，一旦有一点点不符合期望的外界反应，就会在内心产生很大的波动。一个人如果停止向外求，而更多地向自己的内心寻求，达到一种自我满意、认可自己的状态，那就会幸福得多。

相信大家都有过这种体验，你获得了很好的成绩，不少人都来祝贺你、夸奖你，但偏偏有人说，“有什么了不起的，还不是因为运气好”或者“他也没多大本事，只不过有人在暗地里帮他罢了”，你是不是瞬间忘了别人夸了你啥，只记住了那句批评的话，然后感觉好心情一下子全被糟蹋了；又或者你的视频评论区或直播间会有很多夸你的人，但也有黑你的人，你会被黑你的评论搞得心情糟糕吗？明明这么多人夸你，为什么一个人的批评就会让你产生那么大的负面情绪反应呢？其实，这就是一种内在不强大且敏感的“玻璃心”在作祟。你要这样想：负面评论也是爱，至少他花了时间和精力来关注你。

我在给企业做培训的很多年里，接触过不少企业家、创业者以及团队管理者。记得有一次我问一个销售经理，问他是如何带领销售团队做业绩的。他说，“销售本身就是一件被人拒绝的事”。尤其我们面对的是企业客户，他们有自己的决策流程和内部需求。被拒绝是常态，这样才更需要我们提升销售能力，有了这样的心态，反而更有动力了。

还有一个人，30 岁刚出头，已经是房地产中介的区域经理了。有一次我跟他一起聊天探讨经验，问他是如何做到这么年轻成绩就这么好的。他只说了一句话：“干好中介就是要把玻璃心修成钢筋水泥心就可以了。”

这也是创业者心态必修课。这个世界上从来没有人相信眼泪，你的“玻璃心”最好提前碎掉，你的“玻璃心”并不值钱，除了你自己和爱你的人，真的极少人会在意。车水马龙的城市里，谁都有自己的一大堆烂摊子的事，真的没人有闲心去关注并在乎你。

我也曾因他人生活中闪闪发光的东西而迷失了自己，但我现在觉得，我没有必要去羡慕他们。因为他们有他们想要的，我有我想要的。这也是为什么 35 岁之后，我感觉比以前活得越来越自由和洒脱的原因。让自己内心变得强大，既不是无视内心，也不是压抑情绪，而是升级人生视角、升华人生格局、获得更多的智慧。所有问题的出现都只因我们智慧不够，把每一个难题和挑战当成一个礼物，人生就会有更多的成长空间。

总会有人比我成绩好，总会有人过得比我光鲜，这些都和我没关系，我想要的、适合我的、成就我的才是最重要的，我正在努力实现和谱写我的英雄之旅。要成为强者，就要配上强者的心。强者知道这个世界不公平，更明白自己能在规则之下做到什么程度，顺势而为。

这是一个充满不确定性的时代，创业本身更意味着不确定和未知。就像 2020 年的新冠肺炎疫情，改变了世界格局，影响了各行各业，也创造了新的消费模式，对教育提出了新的需求。谁又能想到，疫情一来就是 3 年呢！创业中的技术难题、资金问题、个人能力问题、粉丝积累问题、商业模式问题……无论哪一个方面的问题，都需要面对和解决。

创业者要经得起大风大浪，经得起起起落落。而有“玻璃心”的人，没有一颗强大的心脏，根本无法承受创业的重压。所以，每一个想要创业的人都不能仅仅停留在说一说的阶段，只有坚定决心，创业才有更高的成功率。没有在深夜痛哭过的人，不足以谈人生。遇到困难可以流泪，当你出现“玻璃心”时，也不必回避，正确面对即可。一切都是过程，重要的是在“玻璃心”出现的时候，看到和接受自己，并将之转化成让自己成长和进步的力量与养料。

精准营销：重视私域流量运营

依靠互联网进行自媒体创业的人，随着公域流量难以运营情况的出现，私域流量变得更为宝贵。不管在抖音还是头条，或者其他自媒体平台上，流量都掌握在平台手中，就算你是百万、千万粉丝的大V，账户也存在着不稳定性。粉丝数量是一个参考标准，但是能否获得粉丝转化，才是核心。

目前做私域流量运营的人很多，互联网上的内容平台也很多，但其运营模式和内容形式大同小异，同质化现象十分严重，这样容易让用户产生审美疲劳。在营销市场，同质化竞争的表现主要体现在内容层次方面，典型特点是同一类型的内容重复，而且内容替代性强。

因此，做私域流量的运营要把握几个关键理念，那就是私域流量是一个体系化的运营策略，流量只是连接产品与用户之间的渠道，在搭建品牌私域流量池前需要考虑的核心不是如何去引流，而是基于产品进行产品的分层。

运营核心归纳起来有以下五个方面：

第一，树立品牌，打造个人IP。

初级的私域卖产品，中级的私域卖流量，高级的私域卖品牌。视频号的个人品牌定位，标签一定要非常清晰，尽量做到真人出镜，并且持续去强化这种品牌人设，用户才能感知到，才能形成 IP 标签。越是私域运营好的人，往往越能通过打造品牌人设让用户对其产生信任，从而通过更高客单价与拓展品类来持续获得盈利。品牌人设的概念之前没有，随着自媒体越来越盛行，一个人一旦有了影响力就会被人广泛关注并贴上标签，所以才出现了很多大 V，别人一提起这个人就能想到他们所代表的领域，这就是个人品牌人设。

把自己打造成超级 IP 的前提是要在自己擅长的领域做好定位和规划，不管你选择什么领域，建议不要做大而全的东西，尽量专注于做小而精的领域。品牌和 IP 所带来的流量属于心流，即人心的流动，这是最真实的流量。私域流量运营并非简单地发发广告、做做产品，而是考虑调性、标签、服务，“人心之流”才是最稳固的流量。

第二，进行精细化运营。

所有成功之事皆做于精、做于细，私域流量的运营也是如此。那些公域流量的运营大部分是粗糙的，而私域流量属于自己的根据地，一定要精细化操作。比如 App 的流量运营，这是完全把流量沉淀起来的私域形态，通过数据标签进行个性化推送和福利吸引，从而达到留存和转化的目的，这里面就有精细化运营的过程。如何给用户贴标签？推送哪些内容？怎么引导用户领取福利？这些都是需要逐步细化的。

一方面要做到用户层面的精细化，另一方面要做到服务流程的精细化。用户层面要研究流量特征，细分哪些领域和需求，这些问题是用户分层的主要依据，也是制定针对性运营策略的前提。不同于 App 流量可以通过大数据标签进行分层、分类、分群，社群流量往往需要利用人力进行鉴别，如果有自己的产品系统，就要引导用户注册并与微信绑定。只有将用户和服务做到足够精细化，产品变现效果才会有很大提升。运营方面的精细要做到尽量缩短用户路径，带给用户惊艳的体验，这会对运营效果产生直接作用。服务就是拼细节，超预期的细节和交付会带来意想不到的效果。

以下是我看到的某汽车销售服务商给 SVIP 会员提供的免费服务，可见细节之震撼：

（1）6 次汽车美容服务 ，全国范围上门取车送车 ，服务中提供豪华高端代步车。

（2）2 次飞机、高铁接送服务，服务车型：埃尔法以上规格。

（3）12 次家庭和公司办公室换鲜花服务。

（4）2 次免费提供代步车、豪华用车并在 800 公里范围内提供专职司机 。

（5）一次家政极致贴心保洁服务，上门 6—10 个人的团队，施工时间为 2—7 个工作日。

（6）一次办公室提供卫生保洁护理。

（7）一次家庭三个成员体检提供预约服务，全程接送排队 ，体检费用自行承担。

（8）2 次专业摄影师上门拍身份证照片、全家福照片、儿童照、纪念照片以及各种聚会照，并洗出照片做成影集送至家中。

（9）一次提供 15 天的高端身体管理和健身私人教练服务。

（10）一次生日、纪念日、重要聚会、派对等的创意布置 ，全程负责策划服务。

（11）一次私人家宴由豪车团队全权负责厨师以及服务团队的筹划。

（12）10 张电影票 且 VIP 专座观看，会员可以选择距离最近影院。

（13）2 次免费干洗衣物和鞋物、包包护理（限量款要给出方案才可以清洗）。

（14）2 次宠物美容接送。

（15）一次机场、高铁重要接待任务委派。

（16）2 次帮忙接送孩子放学或上兴趣班，埃尔法标准。

（17）24 小时网红餐厅帮忙排队 2 次。

（18）24 小时全城医院帮忙排队。

（19）24 小时应急药物快速送达。

（20）24 小时酒后代驾服务 2 次。

（21）24 小时提供司机帮忙开车至外地 2 次。

（22）24 小时跑腿服务 2 次。

（23）24 小时道路免费救援 200 公里内。

（24）24 小时免费上门保养，保养费用客户自行承担。

（25）24 小时免费上门试乘试驾，主要包括丰田埃尔法、威尔法、保时捷卡宴 GTS、保时捷、奥迪 A8、猛禽皮卡、特斯拉、大 G 等车型。

（26）礼品包装、代帮忙送礼，提供全方位送礼服务 2 次。

精细化运营，好服务就是好销售，好服务就是好品牌。

第三，具备核心竞争力。

大部分能够脱颖而出的人都具备“特异功能”，而这个功能就是核心竞争力。在企业中，经常称为“护城河”或“竞争壁垒”。

无论做什么，只有能给他人带来价值的东西才能得到市场的认可，只有具备核心竞争力，才可以在市场真正留存下来。核心竞争力代表着稀缺性，即人无我有，人有我优，这就是优势。比如跳舞，别人跳的是健身操，你却能跳鬼步舞；别人能跳鬼步舞，你却能在鬼步舞的基础上加入手势创新。别人都能写字，但你能写出像书法家一样的好字；别人能写书法，你却能写很多种不同的字体。别人会唱歌，你不但会唱粤语歌，还会唱英文歌。这样才叫稀缺性和竞争力。核心竞争力具有不可替代性，如果一种能力很容易被替代，那就不是核心竞争力。核心竞争力必须是独特的、不可替代的。

第四，重视连接，一切成交都是因为爱。

私域流量的终极目标是实现变现和用户复购。只有当用户对你产生深度的信任以后才会把时间和金钱花在你的产品和服务上。私域之所以称为私域，是因为流量对你有较高的信任度，可以帮你缩短转化周期，提高转化率。如果你的私域流量还无法变现，说明你的私域流量还很脆弱，还不属于你。比如很多人做社群转化的动作是等服务全部结束了才开始，虽然出发点是希望用完整的服务去打动用户，但用户的决策往往是非理性的，体验到一半就可能付费，等服务完再去转化，用户的热度已经下去或不再关注你，这时候流量就已经不是你的了，私域不再是私域了。私域流量运营的核心从关注那一刻开始就可以精准触达、传递价值、提供可信赖的产品和服务，并让他们看到交付后的愉快体验，看到其他用户的购买反馈。

第五，通过微信生态实现分享和推广。

未来在私域流量池打造的过程中，自媒体、社群、公众号的粉丝都会通过个人号进行连接。这样就把网络空间的弱关系导入微信，变成可实时互动沟通的亲密关系链，这是我们打造私域流量池的终极目标，也是智能商业环境下社交新零售的生态模式。我们要把流量经营思维转变成粉丝用户经营思维。不是通过流量卖产品，而是经营人心，精诚所至，金石为开。只有至精至诚，才能让加你微信的用户信任你、“购买”你、传播你。

我对数字经济“她力量”的思考：

◆ 带着问题前行，既是一种勇气，也是一份智慧。

◆ 读十本好书，还不如和一个细分领域的牛人深入交谈一小时，前提是你要找对人。

◆ 人脉的基础是价值对等交换：你的价值越高，贵人越多。

◆ 一个不会游泳的人，换游泳池是没有用的。

◆ 你能连接别人，说明你有能力；你被别人连接，说明你有价值。

◆ 时间管理，不是把时间利用到极致，而是懂得对自我进行管理，知道什么时候该干什么事，更知道什么时候不干什么事。

◆ 没有在深夜痛哭过的人，不足以谈人生。

第九章

数字经济可以释放女性的时代价值吗

数字安全有国界，女性精神无国界。

数字安全有国界，女性精神无国界

数字经济是继农业经济、工业经济之后的主要经济形态，是以数据资源为关键要素，以现代信息网络为主要载体，以信息通信技术融合应用、全要素数字化转型为重要推动力，促进公平与效率更加统一的新经济形态。数字经济发展速度之快、辐射范围之广、影响程度之深前所未有，正在推动生产方式、生活方式和治理方式的深刻变革，已经成为重组全球要素资源、重塑全球经济结构、改变全球竞争格局的关键力量。从两会到“十四五”规划，从新冠肺炎疫情到三胎政策，都在推动互联网女性创业蓬勃发展。

尤其重要的是，在以习近平同志为核心的党中央的坚强领导下，中国新冠肺炎疫情防控阻击战取得了重大战略成果。其中，互联网、大数据等数字技术发挥了关键作用，有力支撑了疫情防控和经济社会发展，充分展现了中国智慧和中国方案。

根据联合国2030数字经济时代的愿景，消除数字鸿沟是一项重要的任务。女性数字化创业也是消除数字鸿沟、实现共同发展、构建数字经济命运共同体的有效方式。女性精神，尤其是女性的创业精神是可以超越国界、相互融通的。

目前，数字经济还是有国界，数据安全也是各国的重中之重。

《全球数据安全倡议》是2020年9月8日中国在“抓住数字机遇，共谋合作发展”国际研讨会高级别会议上提出的，呼吁全球数字治理应遵循秉持多边主义、兼顾安全发展、坚守公平正义三原则。

整体来看，数字经济的终极发展将会超越国界，实现全球生产要素大调配，构建数字经济命运共同体。人类可以实现共同富裕、全球共享。

数字经济赋能女性新商业

阿里研究院联合中华女子学院曾发布《2019女性创业就业研究报告》。报告指出，全球化4.0时代是女性创业的“黄金时代”，在数字经济的时代背景下，女性商业力量是其中的重要组成部分，且普惠性更高：走在经济与科技前沿潮头的女创业家们，正在全世界范围内配置和整合资源；而从未走出村庄、家门的女性也在通过数字连接打破时空界限，共享技术与经济福利。

此外，国务院在《关于推动创新创业高质量发展打造“双创”升级版的意见》中也提出：“深入推进创新创业巾帼行动，鼓励支持更多女性投身创新创业实践。”女性创业者也迎来了她们创业的“黄金时代”。

中国的女性创业者们正在通过数字平台缩短商业机会识别时间、

拓展创业机会搜索空间，同时她们在商界中敢打敢拼，带领团队创造价值，也树立了女性领导力的多彩形象。

数字经济中，中国女性正在探索更多可能性的职业发展路径，打破一个个“暗门槛”和“天花板”，将自己接入全球职场；数字平台则提供支撑与赋能，充分释放个体潜能，相携共生，实现女性就业的生涯重塑与发展。

中国女性创业者在创业过程中也更多雇佣女性，无不体现 Women Help Women（女性互助）的精神。阿里平台上，超半数的女性创就业者度过了“创业初期”，创就业活动稳定；女性创就业者普遍学历较高，还有部分留学归国人员在阿里平台开办企业；平台上女性创办的企业营收规模填平了营收“性别鸿沟”；平台上女性创办企业更多雇佣女性，但女性对目前创就业和经营情况的综合满意度和趋向性并不明显，呈“弱满意”状。而除了中国女性正在从阿里的生态中获得更多机会以外，世界其他国家和地区的女性也在经历类似的过程。

随着全球化 4.0 和工业化 4.0 的数字经济升级，世界女性终将打破各类创业的藩篱，走出一条创就业的新道路。感谢这个时代，数字经济赋能女性新商业，让女性多了一片天空。

当今世界正在经历人类历史上最迅速、最广泛和最深刻的变革，以信息技术为代表的高科技突飞猛进，相关的数字产业发展也日新月异。我们每天都在接收着来自世界各地的信息，数字经济也给我们的生活带来了极大的便捷。每一次技术革命浪潮都会带来新的行业以及大量的创业机会。在技术和产业革命迅速发展的时期，层出不穷的创业者将与之碰撞出时代的“火花”。

数字经济释放女性的时代价值

越来越多的创新领域涌现出作为起到“半边天”作用的女性的身影。进入数字经济时代，女性创业一直是学术界高度关注的话题。数字经济时代，女性创业正经历着由量变到质变的转换。

1. 创业是数字经济的时代主题

数字经济时代，中国女性在各个领域迅速崛起，承担社会责任、展示女性魅力、推动文明进步。

一是女性创业是生产力发展和社会进步的必然要求。

女性通过创业不仅能够提升自己的物质生活水平，而且可以满足自己的精神需求，促进社会的稳定和进步。

人通过劳动对自然进行着改造，也对人自身进行着改造，进而实现自身价值。中国女性正在利用数字经济时代的优越条件，突破时空限制，在全球范围内配置和整合资源。恩格斯在《家庭私有制和国家的起源》第一版序言中写道，生产本身又有两种，一方面是生活资料，即食物、衣服、住房以及为此所必需的工具的生产；另一方面是人自身的生产，即种的繁衍。从促进人类繁衍的角度来看，女性所具有的生育能力使得女性成为人类基本生存需要的直接承担者；从提升人类物质劳动水平的角度来看，女性在增加社会物质财富、实现生产社会化及大力发展生产力等方面发挥着举足轻重的作用。

数字经济时代，创业成为女性日益重要的人生选择。妇女参加社会劳动已成为不可逆转之势，工作和事业已经成为她们的生活方式，成为她们的一部分“自我”，要剥夺她们的这部分“自我”，既不可能，也不公正。数字经济时代，广大女性作为家庭的重要成员，正在积极参与创新创业，成为中国经济发展进程中的一道靓丽风景线。

二是女性创业是构建新型家庭关系的客观要求。

家庭是人类社会生活的基本组织形式，是推动经济发展和社会进步的重要力量。数字经济时代，女性创业是完善家庭组织、构建新型家庭关系的必然要求。

第一，以情感为基础的家庭构建。数字经济时代，女性越来越独立，既体现在家庭地位的提升，也体现在主体意识的增强，以情感为基础的家庭关系成为组建家庭的核心标准。

第二，共同的家务承担。传统的女性以家务劳动为主的家庭关系正在发生变化。数字经济时代，私人的家务活动变为社会共同的事业，女性的地位发生了革命性的转变。

第三，共同的奋斗目标。物质财富是一个家庭的经济基础，它是家庭生活的保障和家庭成员未来发展的基石。数字经济时代，女性有充足的时间参与社会生产活动，积累家庭资本，实现共同的奋斗目标。

2. 数字经济时代女性创业呈现的特征

一是虚拟性。

女性创业的虚拟性特征指以智能平台为依托的虚拟资本交易活

动。数字经济时代，随着数字科技的发展，创业活动越来越虚拟化。

第一，网络主体虚拟化。数字经济时代，网络主体可以利用虚拟的个人信息，通过数字平台完成线上交易活动，实现网络主体的虚拟化。

第二，产品服务虚拟化。在场景为王的数字经济时代，自动化的软件环境、先进的网络服务及智能化网络界面使得全球的客户可以远程且随时访问店铺，并通过网上浏览、电视直播、微视频直播等方式感受商品款式与质量，实现产品服务的虚拟化。

第三，商品交易虚拟化。虚拟化的交易方式正在成为一种新兴的交易方式。随着数字技术的疾速发展，交易双方可以通过数字平台进行交易协商、货款支付及商品邮寄等活动，从而实现整个交易活动虚拟化。

二是共享性。

数字经济时代，女性创业与共享经济进行了更加深入的融合，通过数字平台的构建实现了创业资源的共享。

第一，市场共享。数字创业减少了中间环节和沟通成本，以价格优势换取了更大的市场份额。数字经济的市场共享性特征使得越来越多的女性借助数字平台，实现了自己的创业梦想。

第二，信息共享。公共数字平台的构建打破了个体之间因距离产生的信息壁垒，把无限接近消费者的大量有效信息传递给创业者，实现创业信息共享。

第三，资源共享。通过数字平台，女性创业者可以随时了解世界市场信息、探索创业原始数据，更好地识别和利用创业机会。

三是国际性。

资本从一国范围向世界传输以实现国际资本增值是经济全球化的重要标志。中国是世界的重要组成部分，数字经济时代女性创业的国际性特征越来越显著。

第一，跨境电商的发展为女性提供了超越国界、链接全球的创业机会。

第二，“数字丝绸之路”的建设给了女性更多的创业平台和机会，众多女性借此将自己的产品推向世界。

第三，跨国企业的繁荣为女性创业提供了广阔天地。

3. 数字经济时代女性创业的机遇

数字经济时代，数字科技的发展和政府政策的制定，不仅为女性在社会实践中发掘自身的价值，还为女性创业，提供了时代机遇和条件。

一是优越的政策制度是女性创业的首要因素。

女性创业的健康发展，离不开政府合理有序的政策引导。

第一，注重对女性创业的顶层规划。

第二，保障妇女合法权益体系的不断完善。《中华人民共和国妇女权益保障法》《中华人民共和国就业促进法》《中华人民共和国立法法》等为保障女性的合法权益提供了强大的法律支撑。把数字经济时代女性创业纳入了顶层设计，通过优越的经济政策为女性创业打造了更加宽广的舞台。

二是完善的基础设施是女性创业的突出优势。

基础设施作为共同生产的固定资本，具有一体性、不可分割性和公共性等特征。数字经济时代，完善的基础设施为女性创业奠定了坚实的基础。

第一，大数据的应用。大数据是女性创业的核心驱动力。大数据技术的蓬勃发展为女性预测创业市场、精算创业投资、评估创业效益等提供了巨大的帮助。

第二，信息网络系统的发展。进入数字经济时代，信息成为重要的竞争资源。通信网络是数字时代信息传输的“高速公路”，成为数字经济时代至关重要的基础设施。

第三，云技术的完善。数字经济发展的重要指标是云化程度。数字经济时代，人们通过计算云的数量来衡量发展程度。数字技术是数字经济发展的支柱，它们在独立发展的同时又相互影响相互作用，这些新技术之间的碰撞必将产生新的影响，必将带来数字经济时代女性创业的深刻变革。

三是强大的网民红利是女性创业的核心动力。

我国数字经济的飞速发展首先得益于我国拥有全球最大的消费群。数字经济时代，移动消费用户群爆发式增长，扩大了市场需求。庞大的网民红利是平台经济赖以生存的重要基础，是数字经济得以发展的重要动力，也是促进女性创业的关键因素。

4. 数字经济时代女性创业的主要障碍

社会总是在矛盾中进步的，女性创业能力和水平是在矛盾的不断解决中得到提升的。数字经济时代，要将辩证思维贯穿于分析新情况、解决新问题、创造新局面的实践中。

一是性别文化偏见。

社会文化结构是一定社会的政治和经济在观念上的反映，社会文化结构对人的活动具有调节功能，性别偏见的存在对女性创业产生巨大的消极影响。

第一，数字素养中的性别偏见。在传统意识观念的影响下，人们往往认为女性的网络技能不足、数字素养缺乏，惯于戴着有色眼镜去审视女性。

第二，创业市场上的性别偏见。人们普遍认为，女性创业风险过大、融资困难、成功率低，很难有大的作为，在这种性别偏见影响下，女性创业的社会支持度不高。

第三，父权文化下的性别偏见。“贤妻良母、男外女内、顺从公婆”，这些是传统意识中关于女性的标准的刻板印象。透过纷繁复杂的现象看到阻碍女性创业的本质问题，塑造有利于女性创业的社会文化结构，才能有效解决女性的创业障碍。

二是数字经济时代女性创业遭受融资困难。

在社会文化结构的影响下，女性在以信用制为基础的融资中面临更大的困境。受传统习俗的影响，人们对具有相同能力的女性和男性区别对待，认为女性创业能力弱于男性。由于社会分工的发展，女性在创业过程中缺乏社会支持系统，融资渠道狭隘造成了女性的融资困境。男女不平等产生的根源是经济的不平等，由于女性长期从事家庭无酬劳动，从而影响了女性的社会地位，致使女性的社会融资方面存在困难。由性别差异造成的女性融资困难，既是不合理的，也是不科学的，消除性别歧视需要从根源上解决。

三是数字经济时代女性创业的工作和家庭矛盾。

数字经济时代，女性通过创业成为家庭的供养者，女性回到公共事业中促进了女性的自由和全面发展，工作和家庭是两个不同的矛盾体，和谐是最终的追求。

第一，工作和家庭的同一性。女性在创业过程中得到的物质资源将为其家庭成员提供更好的生活环境，提高家庭成员的幸福感。女性的家庭生活要求女性高效利用创业的时间，分清事物的主次以进行高效的处理，进而提升女性创业成功的概率。

第二，工作和家庭的斗争性。只要妇女仍然被排除于社会的生产劳动之外而只限于从事家庭的私人劳动，那么妇女的解放、妇女同男子的平等在现在和将来都是不可能实现的。如女性在创业过程中承担着家庭大量的无酬劳动，需要合理解决家庭和事业之间的矛盾。

5. 数字经济时代完善女性创业的措施

数字经济时代，集中解决女性在创业过程中遇到的主要矛盾，兼顾次要矛盾的处理是促进女性创业的必然要求。

一是用好数字科技，强化女性创业。

经济基础决定上层建筑，任何造成女性不平等的上层建筑现象都可以从经济基础上找到根源。数字经济时代，科学技术的发展引发了生产要素、劳动形式和经济结构的深刻变革。

第一，互联网拓宽女性创业市场。数字经济源自互联网经济，互联网的使用不仅深刻改变了组织和经营模式，而且重构了市场供求体系，拓展了数字经济消费市场，为女性创业提供了平台便利。

第二，人工智能促进性别平等。每个人的自由发展是一切人的自由发展的条件。人工智能的发展减少了女性的家务劳动，使女性有更多的时间从事物质生产和精神生产，为女性自由而全面的发展创造了更多的条件。

第三，5G技术提升了数字化创业水平。中国政府充分发挥市场优势，积极推进了5G技术在生产、分配、交换、消费等领域的融合与应用，助力了女性创业的数字化转型。在新发展理念的指导下，以先进技术为基础的数字化产业体系的构建将为女性带来更宽广的创业市场。

二是加强政策支持，实施精准创业帮扶。

数字经济时代，创业系统的共享性、虚拟性和国际性促使社会分工越来越细，政府在女性创业的过程中发挥着重要的作用。

第一，完善女性创业培育服务体系。政府广泛开展多角度多形式的活动，对女性进行有针对性的技术培训，让新时代的女性能适应不断进步的社会需求。

第二，让法律成为女性创业的定心丸。习近平总书记多次强调，要坚持男女平等基本国策，保障妇女儿童合法权益。完善的法律法规是维护女性权益、保障女性创业的定心丸，有利于激发女性在建设物质文明和精神文明中的昂扬斗志。

第三，发挥财政的调节引流作用。通过财政政策引导资金向培育女性创业技能、完善女性创业服务、扩大女性创业平台等领域流转，多措并举支持女性创业。

三是社会多元助力，营造良好创业氛围。

数字经济时代，促进女性创业，发挥女性在创造物质文明和精神文明中的作用，需要全社会共同努力。

第一，充分发挥妇联的带头作用。妇联作为党和政府联系妇女群众的桥梁，要当好妇女利益的代表者和维护者。妇联要发挥女性创业的“后勤”角色，通过多部门之间的合作，设立女性创业的扶持项目，提高女性对创业机遇和市场的精准把握。

第二，积极做好家政工作。家政业的发展，既满足了农村进城务工人员的就业需求，也满足了城市家庭育儿、养老的现实需求。集中社会力量大力发展家政服务是推动女性创业、实现高质量发展的关键。

第三，塑造新时代的家庭观。新时代的家庭观应包括向上向善的家庭美德、共建共享的家庭素养和爱党爱国的家庭追求。新时代家庭观的建立，有助于塑造多尊重、共商量、共担负的家庭氛围，把家庭建设和女性解放、民族振兴、国家繁盛结合在 一起。

积极创新、努力创业是中国人民的优良品格，是中国特色社会主义事业向前发展的关键。数字经济时代，中国女性事业的发展同过去相比发生了深刻变化，呈现出虚拟化、共享性和国际性的新特征。优越的创业政策，完善的基础设施和强大的网民红利为女性创业提供了更多的路径。广大女性要充分利用数字经济的时代机遇，把国家的政策优势转化为经济效能，克服创业过程中遇到的困难，在创新创业中大显身手，在建设数字强国中彰显巾帼力量。

数字经济助力女性实现经济和精神“双独立”

近十来年，随着数字经济平台日新月异地发展，中国互联网企业为提升全球女性发展权利作出了越来越大的贡献，使得越来越多的女性通过数字经济平台崭露头角，地位不断得到提升。

数字经济如何激活女性经济和精神“双独立”？“她时代”蕴藏了哪些机遇与挑战？

越来越多的女性进入职场，拥有更多的个人可支配收入，在消费上更加独立自主，消费需求和消费能力也日益旺盛，坚实的经济基础和收入来源决定了她们在消费中的独立性。现实生活中，女性往往拥有更高的消费选择权和消费决策权，从线上到线下，女性消费者的日常活跃度远高于男性。在各类消费决策中，女性很大程度上决定了家庭及其成员的消费行为和消费习惯，成为消费主力军和家庭首席采购官。

女性消费者既是市场强有力的购买者，也在不断形塑新的市场，推动消费观念和消费行为的悄然改变。“她”消费推动了对“智生活”的追求，从“悦人”消费到“悦己”消费，高科技、高颜值、高设计感的产品受到女性消费者的青睐，甚至大量的雅致生活的符号化消费也不断攀升，凸显当代女性消费的主体性。同时，女性消费者对于消费体验的追求日益提高，对于精致生活的需求日益彰显，显现出对数字购买更高体验感及优质性的价值期待。女性消费潜能被充分释放，也催生出新的消费需求，多元化、个性化、细分化、国际化成为女性消费的新型特征。

数字经济激活女性精神独立

科学技术的不断发展、社会文明进程的不断加快，提供了女性追求更好生活品质和更好地做自己的舞台，她们从自发到自觉地要成为人格独立的女性个体。“她经济”时代本身就是一种女性独立自主的宣誓和新生活方式的释放。

数字经济赋予女性更加多元化的消费选择，也使得女性更加关注生活品质。大量彰显个人审美和生活品位的消费品装点了女性消费者的美好生活，带来了生活品质的提升，也凸显了生活的美学。同时，美好生活必然包含美好的精神生活，女性在教育消费、旅游消费、审美消费和体验消费方面增长显著。女性正在获得越来越多的实现自我价值的机会。性别建构论派学者认为，女人与其说是天生的，不如说是塑造出来的。女性特质消费正在数字时代得以彰显、得以从生存性消费迈向发展性消费和 享受性消费。

数字经济拓宽女性工作生活

数字经济的快速发展引发了就业领域的深刻变革。平台经济、共享经济、众创经济等新型模式和新型业态的快速发展催生了女性自主创业、自主就业、自由职业、兼职就业等灵活的就业模式，拓宽了女性职业发展道路。随着女性的工作场景和生活场景不断拓宽，数字化生活、数字化交易、数字化管理、数字化服务呈现叠加型发展态势，带来了女性生活空间的网络化、个性化、社会化、平台化和智慧化。

互联网数字经济赋予女性职场新机遇，提供了女性在新时代背景下打破职业跨界经济壁垒的可能，有需求的女性可以不必进入传统企业或组织就可以进行职业活动。数字时代的斜杠女性也层出不穷，在多重职业中享受多元生活，充分利用个人技能、经验知识和有效时间，提前进入知识资本创造力时代，在多元化职业中实现人生价值。

家庭是社会的核心组成部分，女性在管理家庭方面依然发挥着重大影响性作用，而女性参与社会经济发展的角色也越来越重要。如何平衡家庭与事业依然是女性职业发展的重要障碍和焦虑来源，在家庭生活和社会竞争话语的双重抗衡中，母职角色依然使女性分身两难。在寻求多元策略解决之道的过程中，数字经济能够提供更多贴心式家庭照料服务及提供更多的工作平台和空间，试图将家庭需求与职场发展需求无缝对接，避免女性因职业发展无法全身心投入家庭照料或者因家庭而退出劳动力市场。

“她经济”的挑战和机遇

以互联网为代表的数字经济正在加速与经济社会生活各个领域的全面对接与深度融合，成为经济社会发展的先导性力量。随着数字经济的强势崛起，女性的独立自主日益彰显。虽然在消费、就业、生活方式等各方面实现了与数据驱动的紧密耦合，但仍有一些问题需要采取措施积极应对。

一是根据“她经济”的主要特点，围绕女性理财、女性消费的独有特征提供更加个性化和市场细分的商品和服务，同时监管数字经济市场的规范化、理性化和安全化，使女性旺盛的消费需求和消费能力助推新经济增长点的形成。

二是依靠数字经济巨大的吸纳就业能力，提升我国女性就业数量与质量，从根本上推动女性全面而广泛的独立自主性。

三是借助数字经济大力发展生活服务业，满足女性日益多样化的消费需求和家庭服务需求，发展优质公共服务以满足女性的家庭照料需求，缓解女性平衡家庭与工作角色的焦虑。

四是政府为数字经济的活跃发展提供日益多元的社会环境和发展

平台，尤其是在数字化水平不断提升的过程中，逐渐完善数字化治理模式的同时，建议着重考虑女性在数字化时代的全新定位，针对女性特点作出新的判断，为女性最大限度地发挥其自身价值提供有力支撑。世界面临百年未有之大变局，变化常常蕴含着生机与活力。每一次工业化都会有新的变化，每一次工业革命都使得人类飞速前行。数字时代的到来必然会推动女性的进一步独立和性别解绑，迎来全新的女性独立的时代。

我对数字经济“她力量”的思考：

◆ 感谢这个时代，数字经济赋能女性新商业，让女性多了一片天空。

◆ 充分利用数字经济的时代机遇，把国家的政策优势转化为经济效能，克服创业过程遇到的困难，在创新创业中大显身手，在建设数字强国中彰显巾帼力量。

◆“她经济”时代本身就是女性独立自主的宣誓和新生活方式的释放。

附录

高效学习“四个一工程”

我从 2006 年进入教育培训行业，对教育事业有极深的情怀和使命，一直关注组织及个人的成长，愿意毕生在教育领域深耕，践行长期主义。我们在进行女性创业过程中最大的感受是，很多人热爱学习，但是一直不知道如何高效学习，不知道怎么通过学习有所收获。

因此，在创业体系中，我总结了一套 “高效学习四个一工程”。我将其应用在我的互联网百人创客团队，带领了一批创客实现从 0 到 1 的突破，效果显著。“高效学习四个一工程”，即在一段时间，专注一个平台，对标一个榜样，修炼一项硬本领。

1. 在一段时间（1 个月 /3 个月 /6 个月 /1 年）

虽然我曾经在职场多年，然而转型到创业赛道，尤其是互联网创业的时候，我依然是从零开始的。一开始我给自己 3 个月的成长期，专注学习互联网个人品牌打造需要的新思维和新技能，包括学习新商业模式、熟悉个人品牌打造全流程、掌握拍摄剪辑短视频、运营社群、做直播、学习视频号、微博、百家号、小红书等平台规则和内容投放等实操技能，同时不断调整天赋定位，梳理清晰个人故事和人生蓝图。在 6 个月时间内，我参加了很多线上线下课程，深度连接，并且及时复盘输出加以实操实践，做了 10 多本课程精华笔记，输出 10

万多文字，完成了一个互联网创业者的1.0必修课。

2. 专注一个平台

选择一个适合自己的平台非常重要，更重要的是要专注平台，和平台共成长。这个平台即自媒体平台，也是创业平台的选择。我现在的青年创业平台从早期的百人创客到现在的千人创客，从青创客升级到青年微创业再到青创繁星，是一个很有影响力的中国青年创业平台。人和平台一样，都有一个从量变到质变的过程，只有专注平台，才可以享受到时间的复利。对于打造个人品牌来说，视频号就是大家可以专注的一个平台。

3. 对标一个榜样

对标榜样是成长的捷径。在我们的创客体系里，有“7个榜样人物法”，通过确定自己1—2年、3—5年以及终身的榜样各1—2名，不断以人为师、超越自己。对标榜样，可以减少迷茫，榜样就像灯塔，时刻指引我前进，给我以动力。比如，过去一年，我主要在对标张萌。在一年多创业相处中，张萌是一个对自我要求严格、非常自律、商业敏锐和知行合一的人，有极强的独立思考、深度思考和学习能力。举一个切身感受到的例子，就是我目睹她从0到1做视频号的经历。2020年6月，视频号重磅出击，张萌快速捕捉到这是接下来的红利期平台，认为机不可失。虽然在其他自媒体平台她已经是大咖，然而在视频号她还是一个新手。这时候，她一方面以人为师，短时间集中向70多位老师包括政策领域、自媒体大咖、腾讯内部团队等咨询视频号的商业生态，另一方面亲自上阵并马上总结出“视频号内容五个一”方法论，开设首期视频号实战训练营，带着1000多名内部创客开始布局视频号。仅 7 天时间，她本人粉丝量就破 2 万，一条短视频破 100 万阅读量、一条破 30 万阅读量、4 条破 10 万阅读量，我也通过第一时间视频号的对标学习和实操，两个月粉丝量破 1.2 万，成为中国最早一批认证为视频号教育自媒体大 V 的人员。这就是对标榜样、知行合一的力量。我的其他对标榜样有王潇、李筱懿、杨澜等，都是我比较欣赏的创业女性。

4. 修炼一项硬本领

我深信一句话：一个不会游泳的人，换游泳池是没有用的。在互联网创业赛道上，我们都是从零开始做起的。哪怕原来是传统行业的资深人士，也要一项一项修炼硬本领，通过一次一个单点来突破，熟悉互联网的新玩法。比如我自己做社群运营、每周 2 次直播、拍摄剪辑短视频 100 多条、文章输出 20 多万字、人生蓝图分享拆解 50 场以上。这些量的积累，让我的个人 IP 有了初步影响力。

最主要的就是把个人品牌打造落实到一项一项能力上，尤其是互联网的“三驾马车”，拉新留存转化能力不断增强。这三项能力，正好对应着 3 个新职业：互联网营销师、在线学习服务师和直播销售员。这已经是所有互联网创业的必备技能，除了自己具备，更需要团队成员一起掌握。我们立足教育，独创“左手有课、右手有货”的创客新模式，发挥人的协同性，构建以个人品牌为核心，打通线上线下，用社交赋能新零售。

我认识一位在喜马拉雅讲书的朋友，她早期是一名国企员工。她从 2016 年开始讲书，到现在已经有 500 集的音频，平均每集大概 15 分钟，粉丝有一百多万，她已经靠这份讲书的副业获得了不菲的经济收入。

为什么说天赋能够创造财富？因为找到自己的天赋定位，顺着这个优势去努力，努力是下限，天赋是上限，财富是做成事的自然结果。每个人都值得为自己花时间和精力，观察自己喜欢什么、擅长什么、别人夸奖你什么，你欣赏的人身上有什么特质。天赋更需要持续不断地刻意练习。著名作家巴金曾对文学爱好者说过，只有写，你才会写。同样的道理，只有去做，去发挥自己的天赋所长，你才能真正知道自己的实力。这是一个人人都需要打造个人 IP 的时代，个人 IP 就是你的信用名片，你的名字就是你的资产。

有人说，我只是公司的一个普通职员、一个卖花的小店主、一个线下门店的导购员，又不做网红，又不直接卖货，没必要打造个人 IP。大凡有远见的人，都可以升级一下自己的思维。个人 IP 不一定能给你带来更多的交易筹码，但是可以加深他人对你的印象，减少交流成本。个人 IP 就像一张名片，一张向陌生人递出的信用名片。

个人 IP 积累到一定程度就可以成为影响力变现的重要途径，一方面可以增加收入，另一方面还可以升级格局，不断驱动自己走向更大的舞台。未来是一个自商业（自营销 + 自品牌）时代，每个人都应该把自己当成这辈子最好的产品去打造。个人 IP 就是最好的护城河，一旦打造出来，很难被复制，且只要不断升级，时间越久，价值越大。

创业女性 IP 打造的四大引擎是：

（1）传递价值观，IP 是无形的。IP 折射出的是世界观、人生观、价值观以及哲学层面的含义，它最终要和人们产生文化与情感上的共鸣。

（2）传播正能量，IP 是永恒的。IP 包容的是一种正确的价值观。

（3）讲故事，一个有意义、坚挺的 IP 是不会消亡的，更需要好故事来传播。

（4）找到独特呈现形式。IP 有强大的穿透力、延展力，找到视觉锤，直击痛点。

太阳姐姐吴思潼的5个小故事

一、15 年留守儿童的故事

2006 年，我第一次去深圳出差。当时正巧有美国的同事来中国一起做市场活动，工作之余，我们一起在蛇口的游轮上聊天。这是我第一次和外国人聊起小时候的经历。这位同事叫 Wendy，她听完我小时候的故事，就说“Unbelievable，Sunny，your story is totally like what I read at the newspaper about China girl. Did It really happen on you？”（不可思议，你的故事就像我在美国报纸上看到的中国女孩的故事，它真的发生在你身上吗？）

20 世纪 80 年代的中国，重男轻女是普遍的现象，留守儿童也是社会的常态。我就是 20 世纪 80 年代农村留守儿童的代表，只是比一般的孩子经历更坎坷一些。

爸爸在和妈妈结婚之后就去了新疆，一直到我上初中，15 岁的时候才第一次看到他们。妈妈在我 3 岁的时候，也去了爸爸做生意的城市。童年的经历造就了我骨子里的性格本色，独立、坚毅而勇敢，同时赋予了我无限的自由和选择的权利，当然也带来了性格中比较执拗的部分。小时候，无拘无束，“散养”的成长环境，我的心智是一点点成熟的。感谢爷爷奶奶和外公外婆给了我无条件的爱和包容，他们让我坚信我的生命是一个奇迹。他们对我学业没有任何要求，只要吃饱穿暖、不调皮捣蛋就可以了。现在回头来看，这是多么朴素的“散养”。小时候，真是玩够了，我是到 9 岁才上的一年级，也没有上过幼儿园，现在回味起来是很不可思议的一件事。

一个人的成长，是一个家庭的缩影，也是一个社会的缩影，更是一个时代的缩影。也许今天在遥远的一些地方，还会有与我相同经历的孩子和家庭存在，也是源于这样的经历，我总是希望为山区或者贫困地区的留守孩子们做点儿事，让他们知道未来的自己一定会感激现在拼命的自己。其实，长大后，我们都会发现，每一个人都有独特的成长经历。对独特，很难用好坏来界定。独特的经历一定是生命中独特的礼物。人生是带着不同的剧本来演出的，而我就生长在这样的家庭和成长环境中。

初中 3 年我都住校，每个周五，我都会从学校走回家。那时候最开心的事就是可以背着书包走在乡间小路上，可以采野花、追蝴蝶、逗蜻蜓。直至今日，闭上眼睛，依然能感受到走在那条乡间小路上，阳光洒在身上的温暖、微风吹拂脸庞的惬意，依然能听到当时内心总有一个声音在呼唤我：你不属于这里，你属于更大的世界。

二、一年顶三年考上北外的故事

2001 年，我来到北京参加考学，我的文化课是很落后的。我没有参加3年的高中学习，因此要用一年的时间拼命补课，追上其他同学。于是，我给自己制订了一个365天北外红楼的自习计划。我知道，只有坚定自己的目标，并付出100%的努力，才有可能赶上其他同学，才有可能完成目标。那一年，我除了上课，几乎把所有的业余时间都投入学习上。那一年，我每天早上6:30到自习室，晚上11:00自习室关门才离开。那一年，我每一天都用一句话激励自己："你一定可以，你属于更大的世界。"偷懒的时候，给自己打气；困倦的时候，给自己打气；伤心的时候，给自己打气；无助的时候，给自己打气；成绩排名越来越靠前的时候，还是给自己打气。那一年，我真的很拼。在身体和意志的双重考验下，我体重降了10公斤，还不到45公斤，最后高考完，我大病了一场。幸运的是，2002年，我以年级前十名的成绩被北外录取；2006年毕业的时候，我以"北外2006届优秀毕业生"的身份光荣毕业，通过英语专业8级的考试。我知道，这时候，我离更大的世界又近了一步。

三、月薪2800元到年薪百万的故事

大学毕业后，我顺利进入一家属于行业500强的外企。这是一家总部位于美国华盛顿的管理咨询公司，服务的大多是500强企业。一开始，我是给一个美籍华人总裁做英文助理，工作基本上都是行程安排、文件中英文翻译、会议翻译之类的典型英文助理工作。后来，因为参与我们公司一款人才测评软件中国本地化翻译项目，我开始深入参与人才测评、企业内训和管理咨询项目。当时，我们的客户主要是在中国的外资客户和国内大型国企及民营企业。因为美国老板和国外专家导师来华授课，我就从英文助理转为课程同传/交传翻译，也是在一次次给企业当翻译的过程中，奠定了我的专业基础以及对商业的认识。后来，不断有企业邀请我给企业员工授课，讲人才测评、企业人才选用育留、大客户销售等内容，从月薪 2800 元到最高讲课费一天 8 万元的企业内训，我花了 10 年时间。这 10 年间，我一直在学习，参加了 MBA 学习，在国内外参加不同领域导师的课程，包括：时间管理、公众演讲、身心灵、教练技术、目标学、沟通等。用成长对抗脆弱，用学习升级自己，是我一直选择的成长和生活方式。

四、环球旅行 40 个国家和地区见自己、见天地、见众生的故事

有一个姑娘，在她 33 岁的时候，生活在一线城市北京，是 500 强企业高管，英语专业 8 级，年收入过百万，有房有颜又有才，服务的客户大多也是 500 强企业，与国际化团队一起共事，出入五星级酒店，活跃在国际商业舞台。然而，她并不开心，她有恐惧心理，她是别人口中的“大龄剩女。”

她开始问自己：此生为何而来？如何才能活出真正的自己？如何度过有意义而不留遗憾的一生？于是，她走上了深度探索生命的身心灵旅程。探索关于：“我是谁？我从哪里来？我到哪里去？”

“读万卷书，不如行万里路。”想到此，她开始用脚步丈量地球，去了五大洲、四大洋和 40 多个不同的国家和地区，见到了世界各地或富有或贫穷，不同文化、种族、肤色、信仰、宗教的人。她发现，所有人最终的追求都是“爱、喜悦、和平”。

终于，她了悟了，生命只是一场体验。她见到了自己，见过了天地，决定回来再见众生。

人生在世，最终要通过做一件事成就自己、服务他人。这件事是

自己喜爱、擅长又能服务别人的事。于是，结合 12 年以上企业管理咨询经验和 500 强企业培训师生涯，她原创了“天赋定位和个人品牌打造”特训营，成为一名天赋定位导师，致力于天赋定位和个人品牌发展，帮助创业女性 IP 打造。

这个姑娘，就是我。

五、从 0 到 1，互联网创业收入百万的故事

2019 年当第一段事业面临转型的时候，我选择了从 0 到 1 在互联网教育领域创业，因为传统的线下教育和培训模式显然已经不能满足市场需求。然而，创业半年，团队就面临困境，主要还是因为个人品牌和流量问题。遭遇创业负债，我极度焦虑。

这时候，我以人为师，转型线上，开启互联网创业模式。我意识到在教育培训市场，过去的纯线下模式已经不能满足发展需求，必须构建以个人品牌为核心的线上身份。于是，我开始了个人品牌打造之旅。

2019 年 10 月到 2020 年 8 月，我开始找对标榜样，锁定教育赛道，联手个人品牌打造方面成绩卓越的张萌（萌姐），布局各大自媒体平台。我开始在微博、百家号、公众号、简书、视频号频繁做内容输出，开始从一场直播到百场直播，现在已经迁移到视频号，累计连续做了 150 场以上直播，每天连续 3 小时以上学习个人品牌打造相关课程，创业笔记记了 10 多本，连续每天微信群讲课，一天最多讲 5 场，回复信息累到手抽筋。通过这样的方式，我用 8 个月时间实现了从创业负债到粉丝和收入百万，并组建了一个 200 人的创业团队。因爱而生，为爱出征。感谢这 5 段经历。我的故事还在继续，我的“英雄之旅”期待有你的助力……

7位创业伙伴的成长辅导案例

一、30+ 宝妈如何从传统线下门店创业转型线上职场自媒体?

阿娇学姐是我团队里宝妈创业的创客代表，之前她是一名典型的金融职场人，经历了从一线业务人员到高管的转变。有了家庭孩子以后，开始进行创业，经营传统的线下美业门店。筹备开店属于重资产经营，虽然她具备多年职场的优势，然而在创业面前却无法充分发挥。完全不同的行业和经营思路，磨合的过程一点点消磨她留存的信心。2020 年初的新冠肺炎疫情更是黑天鹅事件，一场疫情，多少人失去生命，多少人失业，多少实体店家关门，而阿娇也因为这场疫情更加焦虑。黑天鹅事件让她明白，必须要建立一个属于自己的舞台，一个别人抽不走的舞台。因为创业所面对的不是政策也不是疫情，要面对的是如何让自己有应对不确定事件的能力。

焦虑过后她开始重新找回信心、勇气和行动力，加入“数字经济‘她力量’女性创业赋能计划”。尽管 2020 年新冠肺炎疫情肆虐，但不妨碍她开始系统地学习、看书、思考，并走出来认识优秀的老师和牛人，连接新的机会和可能，同时也让她找到了困惑自身很久问题的答案。她开始调整创业思路，设计闭环的商业模式，用商业思维经营自己，拿回人生主动权。她的具体调整如下：

·从重资产转为轻资产运营。

·从只知道低头做事的手艺人转为有自己商业模式的创业人，开始做自己曾经擅长的市场开拓及团队管理。

·从一个创业“小白”到可以为别人提供价值的互联网轻创业教练。现在的阿娇学姐是我们团队的核心成员、青年微创业的一名轻创业教练。她已经组建自身品牌的财富读书会，并在直播领域构建起自己的个人品牌，也有了一个自己的创业团队。尤其是有些好久没见的朋友，看她从曾经那段萎靡不振的日子走出来，真的为她高兴。

现在的阿娇：

·每天按着节奏做自己喜欢的事，不再着急，不再害怕，每天读书，每天健身，在一天天的成长中感受时间的力量。

·可以自由地安排时间，接送孩子，规律作息。

·简单平和，但始终向前奔跑。她心中坚定，不惧怕未来，在人生的第35年做到自己想成为的样子。

二、如何从创业“小白”到“太阳团队创业预备导师”？

Linda是我们太阳家族的“宝藏女孩”，是太阳团队公认的金牌社群运营总领教和预备导师，已经完全具备独立运营专业线上社群能力。从一个对互联网一无所知的创业“小白”到如今带教整个团队，她花了两年时间，一步一步跟随“数字经济‘她力量’女性创业赋能计划”，从知道到做到，从做到到得到，已经组建了自己的20人创客团队。

目前，她有自己运营的专属社群。她的社群里的学员收获巨大，纷纷表达对她的感谢，尤其在太阳团队黄牌训练营“21天社交新零售”和“14 天视频号实战营”以及传统文化大师课的学习中，她的社群带教严谨而有乐趣，及时同步输出，做到了基本打卡 100%。在社群，我们定期为学员安排一对一深度拆解人生蓝图和课程复盘，得到了学员一致好评。

Linda 从一个“30 天社交新零售训练营”开始学习，之后深入学习互联网创业技能，获得了“三证”（互联网营销师、在线学习服务师和直播销售员），一步一步从懵懂的创业“小白”到“太阳团队金牌社群运营总领教和创业预备导师”，熟练掌握互联网拉新、留存、转化模型，到目前还没有搞不定的社群运营。Linda 是“数字经济‘她力量’女性创业赋能计划”坚定的实践者和获益者，目前已经完全具备互联网创业运营能力。

三、35+ 职场人如何让学习改变人生以实现转型?

春晓是一家世界 500 强日企的行政管理者，也是一名互联网创业教练。

35 岁之前的她，一直觉得读书学习是件特别苦的事。努力读书是为了考上大学，上大学是为了找一份好工作。既然已经考上了大学，毕业之后也找到了工作，那么读书学习的使命也就完成了。只要努力工作，想要的都能一一实现。然而，工作几年后，她才发现理想很丰满，现实却很骨感。不管多努力工作，所在的行业、所选的专业一开始就已经定格了收入天花板。

认清这个现实后，春晓开始为未来担忧。多考一个证总能增加自己的职业竞争力，这样才重新踏上了学习考证之路。然而，这些证书并没有变为自己的生产力。直到 2021 年，遇到“数字经济‘她力量’

女性创业赋能计划”，才终于找到了原因。她说，原来前半生学得很努力，但其实一直在假学习。只有真学习，践行学习5环法，学、思、做、教、赢，只有形成这样的一个学习闭环，才能真正把知识变为生产力。

以前的她，下班之后的时间几乎都是用来休闲、逛街、聚餐、刷剧，不看书也不学习，过着看似很快乐的生活，却越来越感到空虚痛苦：这是自己想要的生活吗？这样的生活能让自己实现自由富足的人生目标吗？显然并不能！

在35岁的人生转折点，她说非常幸运地开启了互联网微创业转型之路，曾经不敢想的创业梦正在一步步实现。加入了早起营之后，从之前睡到8—9点才起床的懒虫，变成了一名早起者，养成了早起的好习惯。现在的春晓成为一名早起领教，带领、陪伴着一群小伙伴早起。在我们的早起陪伴营里，有很多之前晚睡晚起的小伙伴，为了改变自己而来，但改变并不是一件容易的事。虽然会失败，有过想要放弃的念头，但她们都坚持了下来！

改变自己从一个微习惯开始。我们有早起学习的，有早起给家人做早餐的，有早起运动的……因为早起，我们有了更多的时间和自己相处，修炼硬本领。有很多小伙伴还突破了自己，从不敢在公众面前讲话到第一次在早起营分享心得，收获了自信和勇气。

以前的春晓虽然人在职场，但不愿意在公众面前表达自己，因为不愿意所以不自信，因为不自信所以更不愿意，但加入创客计划后，通过刻意练习，突破了以前不敢、不自信的自己。第一次演讲、第一次带社群、第一次直播、第一次做短视频，在这里一年收获与成长比过去三十多年的都要多。

现在的春晓，不仅掌握互联网创业技能，还影响了身边职场人一起来学习，养成好习惯（早起、读书、健身），修炼职场硬本领（写作、演讲、短视频、直播、社群运营），已经把知识变成了生产力。学习改变人生，什么时候学习都不晚。

四、如何兼顾高校老师和教育博主双身份，让教育赋能更多学生？

小郑老师是一名高职院校的老师，教思想政治课，工作二十多年。一直以来，她勤勤恳恳、兢兢业业，把自己全部的时间、精力和情感全部投入工作，换来了一摞摞厚厚的荣誉证书。然而，在拿到“省五一劳动奖章”的时候，她的内心却感到无比的恐惧。她喜欢当老师、喜欢学生，但长期透支的工作把自己掏空了，只剩下一具空虚的躯体，她说“这样的我还能教给学生什么？”她开始思索，最好的教育应该是什么样的？该怎么做？带着一系列的疑问，小郑老师加入“数字经济‘她力量’女性创业赋能计划”，开启了探索和学习之旅。她说，在我们的创客直播间，看到很多教育创业者身上散发着智慧的光芒，这深深吸引着她，她们就是自己想活成的模样。

于是，小郑老师慢慢明白了如何做好教育？教育从改变自己开始！赢就是比过去的自己强一点点。教育要有利他精神，把知识变成生产力，助力青年成长、成功。这样的价值观，激励着她每天坚持早起、坚持写效率手册、坚持阅读、坚持运动、坚持沉浸式学习，养成了一个又一个好习惯的同时，也无时无刻不在影响着她的学生们，带领学生们一起读书，做时间管理，练习演讲。虽然每天早上四点多起床，但她依然活力满满。学生们都说很佩服老师的自律生活，给学生们带来了很多正能量。言传身教，让学生们知道自己要成为一个什么样的人。这应该就是教育的意义吧！改变自己，影响他人，成为更好的自己，让世界变得更美好。

现在的小郑老师线下是一名高校老师，线上是一名教育博主，带领更多的学生们早起、读书、做好时间管理，升级互联网学习思维，这才是数字时代的教育，这才是新时代的老师！

五、你相信学习可以一箭三雕，个人成长、副业助力主业共发力吗？

欧静是一个“两栖”青年创客代表。

最初她加入“数字经济‘她力量’女性创业赋能计划”，是为了寻求个人成长，希望提升时间管理等职场技能助力事业更好发展。

2020 年伊始，新冠肺炎疫情蔓延，而她的主业是酒店培训讲师。酒店是传统服务行业，受新冠肺炎疫情影响严重，一直无法正常复工。她的酒店总经理是位思想超前、创新意识很强的女士，销售出身的她对于业绩看得很重，立刻带领全员转型线上，开始直播、线上产品销售、客户维护等。可是对于欧静来说，这个领域她根本不懂，也不具备技能，挑战就更大了。她需要提前了解转型互联网的各种知识和技能，才能够跟上酒店发展，才可以给员工做培训，教授他们如何实操。

所以，那时候她到处学习如何转型互联网课程，加入创客计划，通过“三证”学习实操技能，学习中最主要的收获是发现思维被彻底打通了。3 个月的时间，她除了获得个人成长，把“互联网三证”考到手，还第一时间带动酒店做起视频号、直播，并且组织酒店各部门内训师进行线上直播培训、线上社群运营。总经理看到她思维超前，行动迅速，跟得上时代，具备转型互联网人才技能，同时还能赋能员工提升酒店业绩，因此在其他人职场堪忧的情况下，决定给她涨薪和升职。

六、你想知道微商团队队长如何转型互联网创业吗？

陈萍是我团队里的一个由微商团队队长转型社交新零售的互联网创客代表。

最初她加入“数字经济‘她力量’女性创业赋能计划”，是因为微商红利期已过，用她自己的话来说是到了“走投无路的破产微商”阶段，手里还压着 30 多万元的货，卖货的人比买货的人多，平台和创始人都不发力了。而她自己是一位全职宝妈，有两个孩子，突然经济窘迫，家人不理解，焦虑无助下状态非常不好。本来，作为微商团队队长，她已经拼搏了 10 年，也有了 3 套房子，车子、孩子都有了，也有一个幸福的家庭。谁料新冠肺炎疫情来了，收入没有了，开支一个月好几万元，每过一天，负债就增加一些。虽然面临困境，但她是一个爱学习的人，而且一直在寻找出路。她的努力之所以无效，是因为平台不对、商业模式需要升级而且产品端也需要改良。

陈萍是一个销售力很强的选手，而且能做到简单相信、听话照做，遵循创业辅导，14 天就带来了 100 多个伙伴参加训练营。其间，她带着伙伴来到北京参加线下课程。之后，她思路全开，14 天就凭能力升级到了最高级别创客，收入突破 27 万元！到现在，她一直都在践行输入输出，运营社群和开展直播，已是成功转型的互联网创业代表。

七、中国台湾青年如何借势大陆互联网社交新零售？

凌酱是我团队里的一位中国台湾的创客代表。

她生活在中国台湾台南市。她最初加入“数字经济‘她力量’女性创业赋能计划”是因为看到大陆互联网社交媒体发达，作为中国台湾青年也想通过互联网创业。她在互联网上看到我的创业故事，通过微博联系到我，在2020年5月下旬成为我的团队创客伙伴。

她积极参与“三证”学习（互联网营销师、在线学习服务师和直播销售员）、积极参加太阳家族晨会、总部团队会议和“双11”大赛及春节挑战赛等。因为是中国台湾的手机号，视频号直播功能无法开通，小程序的一些功能也无法实现，尽管遇到比我们其他创客更多的困难和障碍，但她总是想办法解决、从不气馁。她说，看到中国台湾和马来西亚华人地区并没有人教互联网创业这些课程，她决定钻研社群运营，以此为切入点，帮助更多海外华人知道社群运营的重要性，完整地做到拉新、留存、转化的精细化和社交新零售可复制模式。通过她，我们服务了20多位来自中国台湾和马来西亚的学员，她自己也开办了“12天高效学习力训练营”，帮助东南亚青年互联网个人成长和微创业，也组建了自己的小创客团队，现在已经是港澳台地区互联网创客代表。

以上7位创客只是我们“数字经济‘她力量’女性创业赋能计划”太阳团队创客的一小部分。我们团队里有500强企业高管、创业20年的实体企业主、幼儿园园长、线下教育培训经理、行业精英、资深讲师、美容院老板、上班族和刚毕业的职场“小白”以及在国外的创业者，有宝妈、医生、设计师、银行职员、企事业单位员工，有高学历者也有低文凭者，有少数民族的人也有留学人员。还有来自全国各地各行各业的人才。我们因为一个共同的目标“改变是为遇见更好的自己”而走到一起，我们因为相似的价值观“活得漂亮且把世界照亮”而凝聚一心，我们因为“创业就是创人生”的使命而坚信坚持。

我的愿望是今生尽情体验极致人生，活出天赋使命，让每一个与我连接的人，因为遇见我而更美好。在教育领域，我服务每一个愿意改变自己、渴望活出自己的人，正如我们的青年微创业事业：助力一亿青年成长成功。

活得漂亮且把世界照亮。